Ricardo Palma

# Tradiciones limeñas

Barcelona **2024**
Linkgua-ediciones.com

## Créditos

Título original: Tradiciones limeñas

© 2024, Red ediciones S.L.

e-mail: info@linkgua.com

Diseño de cubierta: Michel Mallard.

ISBN tapa dura: 978-84-1126-340-5.
ISBN rústica: 978-84-9007-901-0.
ISBN ebook: 978-84-9007-599-9.

Cualquier forma de reproducción, distribución, comunicación pública o transformación de esta obra solo puede ser realizada con la autorización de sus titulares, salvo excepción prevista por la ley. Diríjase a CEDRO (Centro Español de Derechos Reprográficos, www.cedro.org) si necesita fotocopiar, escanear o hacer copias digitales de algún fragmento de esta obra.

# Sumario

**Créditos** — 4

**Brevísima presentación** — 11
   La obra — 11

**Introducción** — 13

**«¡Pues bonita soy yo, la Castellanos!»** — 15

**Los caballeros de la capa** — 18
   I. Quiénes eran los caballeros de la Capa y el juramento que hicieron — 18
   II. De la atrevida empresa que ejecutaron los caballero de Capa — 22
   III. El fin del caudillo y de los doce caballeros — 28

**Un pronóstico cumplido** — 32
   I — 32
   II — 34

**La monja de la llave** — 37
   I — 37
   II — 39
   III — 40

**El encapuchado** — 43
   I — 43
   II — 44
   III — 45
   IV — 46
   V — 47
   VI — 47

**«¡Beba, padre, que le da la vida!»** — 49

**La fundación de Santa Liberata** _____ **53**
   I _____ 53
   II _____ 53
   III _____ 54
   IV _____ 55

**Muerta en vida** _____ **58**
   I _____ 58
   II _____ 59
   III _____ 60
   IV _____ 61

**Lucas el sacrílego** _____ **63**
   I _____ 63
   II _____ 64
   III _____ 66

**Rudamente, pulidamente, mañosamente** _____ **69**
   I. En que el lector hace conocimiento con una hembra del coco, de Rechupete y Tilín 69
   II. Mano de historia _____ 71
   III. Donde el lector hallará tres retruécanos no rebuscados, sino históricos _____ 73
   IV. Donde se comprueba que, a la larga, el toro fino en el matadero y el ladrón en la horca _____ 74
   V. En que se copia una sentencia que puede arder en un candil _____ 75

**El resucitado** _____ **77**
   I _____ 77
   II _____ 78
   III _____ 80

**El virrey de la adivinanza** _____ **82**
   I _____ 82
   II. ¡Fortuna nos dé Dios! _____ 82
   III. Gajes del oficio _____ 84

III. Sucesos notables en la época de Abascal ___86
IV. Que trata del ingenioso medio de que se valió un fraile para obligar al marqués a renunciar el gobierno ___87
V. La curiosidad se pena ___89

**La trenza de sus cabellos** ___ **91**
  I. De cómo Mariquita Martínez no quiso que la llamase La Pelona ___91
  II. De cómo la trenza de sus cabellos fue cauda de que el Perú tuviera una gloria artística ___93

**Santiago el volador** ___ **96**

**La niña del antojo** ___ **103**

**La llorona del viernes santo** ___ **107**

**Tras la tragedia, el sainete** ___ **113**
  I ___113
  II ___116

**Tres cuestiones históricas sobre Pizarro** ___ **118**
  I ___118
  II ___120

**La misa negra** ___ **124**

**Altivez de limeña** ___ **128**

**El mejor amigo..., un perro** ___ **131**
  I ___131
  II ___132
  III ___133
  IV ___134
  V ___135

**Una moza de rompe y raja** ........................................................... **137**
    I. El primer papel moneda ............................................................ 137
    II. La «Lunareja» ............................................................................. 139
    III. El fin de una moza tigre ........................................................... 142

**La excomunión de los alcaldes de Lima** ................................. **143**
    I ..................................................................................................... 143
    II .................................................................................................... 144
    III ................................................................................................... 145
    IV ................................................................................................... 147

**El rosal de Rosa** ............................................................................ **148**

**Los ratones de fray Martín** ......................................................... **151**

**La carta de la «libertadora»** ...................................................... **154**
    I ..................................................................................................... 154
    II .................................................................................................... 155
    III ................................................................................................... 156
    IV ................................................................................................... 157

**Los incas ajedrecistas** ................................................................. **158**
    I. Atahualpa ................................................................................... 158
    II. Manco Inca ............................................................................... 160

**La tradición de la saya y el manto** ........................................... **163**

**Libros a la carta** ............................................................................ **167**

**Brevísima presentación**

**La obra**

Este volumen es una antología de las muchas tradiciones que Ricardo Palma (1833-1919) escribió sobre Lima. Destacan por su valor literario y antropológico, ya que retratan una sociedad que a finales del siglo XIX luchaba todavía por construir su propia identidad. Palma hace un repaso al pasado colonial con sus cuentos de fantasmas, aparecidos, a los virreyes inmorales, las mujeres atrevidas, los santos y pícaros. Con Palma se revitaliza el género del costumbrismo popular, que de otro modo hubiera desaparecido. Esta edición incluye una introducción de José Carlos Mariátegui.

**Introducción**

La época del coloniaje, fecunda en acontecimientos que de una manera providencial fueron preparando el día de la Independencia del Nuevo Mundo, es un venero poco explotado aún por las inteligencias americanas. Por eso, y perdónese nuestra presuntuosa audacia, cada vez que la fiebre de escribir se apodera de nosotros, demonio tentador al que mal puede resistir la juventud, evocamos en la soledad de nuestras noches al genio misterioso que guarda la historia de ayer de un pueblo que no vive de recuerdos ni de esperanzas, sino de actualidad.

Lo repetimos: en América la tradición apenas tiene vida. La América conserva todavía la novedad de un hallazgo y el valor de un fabuloso tesoro apenas principiado a explotar.

Sea por la indolencia de los gobiernos en la conservación de los archivos, o por descuido de nuestros antepasados en no consignar los hechos, es innegable que hoy sería muy difícil escribir una historia cabal de la época de los virreyes. Los tiempos primitivos del imperio de los Incas, tras los que está la huella sangrienta de la conquista, han llegado hasta nosotros con fabulosos e inverosímiles colores. Parece que igual suerte espera a los tres siglos de la dominación española.

Entre tanto, toca a la juventud hacer algo para evitar que la tradición se pierda completamente. Por eso, en ella se fija de preferencia nuestra atención, y para atraer la del pueblo creemos útil adornar con las galas del romance toda narración histórica.

José Carlos Mariátegui

## «¡Pues bonita soy yo, la Castellanos!»

A Simón y Juan Vicente Camacho

Mariquita Castellanos era todo lo que se llama una real moza, bocado de arzobispo y golosina de oidor. Era como para cantarla esta copla popular: Si yo me viera contigo la llave a la puerta echada, y el herrero se muriera, y la llave se quebrara...

¿No la conociste, lector?

Yo tampoco; pero a un viejo, que alcanzó los buenos tiempos del virrey Amat, se me pasaban las horas muertas oyéndole referir historias de la Marujita, y él me contó la del refrán que sirve de título a este artículo.

Mica Villegas era una actriz del teatro de Lima, quebradero de cabeza del excelentísimo señor virrey de estos reinos del Perú por S. M. Carlos III, y a quien su esclarecido amante, que no podía sentar plaza de académico por su corrección en eso de pronunciar la lengua de Castilla, apostrofaba en los ratos de enojo, frecuentes entre los que bien se quieren, llamándola Perricholi. La Perricholi, de quien pluma mejor cortada que la de este humilde servidor de ustedes ha escrito la biografía, era hembra de escasísima belleza. Parece que el señor virrey no fue hombre de paladar muy delicado.

María Castellanos, como he tenido el gusto de decirlo, era la más linda morenita limeña que ha calzado zapaticos de cuatro puntos y medio.

Como una y una son dos,
por las morenas me muero:
lo blanco, lo hizo un platero;
lo moreno, lo hizo Dios.

Tal rezaba una copla popular de aquel tiempo, y a fe que debió ser Marujilla la musa que inspiró al poeta. Decíame, relamiéndose, aquel súbdito de Amat, que hasta el Sol se quedaba bizco y la Luna boquiabierta cuando esa muchacha, puesta de veinticinco alfileres, salía a dar un verde por los portales.

Pero, así como la Villegas traía al retortero nada menos que al virrey, la Castellanos tenía prendido a sus enaguas al empingorotado conde de •••, viejo millonario, y que, a pesar de sus lacras y diciembres, conservaba afición por la fruta del paraíso. Si el virrey hacía locuras por la una, el conde no le iba en zaga por la otra.

La Villegas quiso humillar a las damas de la aristocracia, ostentando sus equívocos hechizos en un carruaje y en el paseo público. La nobleza toda se escandalizó y arremolinó contra el virrey. Pero la cómica, que había satisfecho ya su vanidad y capricho, obsequió el carruaje a la parroquia de San Lázaro para que en él saliese el párroco conduciendo el Viático. Y téngase presente que, por entonces, un carruaje costaba un ojo de la cara, y el de la Perricholi fue el más espléndido entre los que lucieron en la Alameda.

La Castellanos no podía conformarse con que su rival metiese tanto ruido en el mundo limeño con motivo del paseo en carruaje.

—¡No! Pues como a mí se me encaje entre ceja y ceja, he de confundir el orgullo de esa pindonga. Pues mi querido no es ningún mayorazgo de perro y escopeta, ni aprendió a robar como Amat de su mayordomo, y lo que gasta es suyo y muy suyo, sin que tenga que dar cuenta al rey de dónde salen esas misas. ¡Venirme a mí con orgullos y fantasías, como si no fuera mejor que ella, la muy cómica! ¡Miren el charquito de agua que quiere ser brazo de río!

¡Pues bonita soy yo, la Castellanos!

Y va de digresión. Los maldicientes decían en Lima que, durante los primeros años de su gobierno, el excelentísimo señor virrey don Manuel de Amat y Juniet, caballero del hábito de Santiago y condecorado con un cementerio de cruces, había sido un dechado de moralidad y honradez administrativas. Pero llegó un día en que cedió a la tentación de hacerse rico merced a una casualidad que le hizo descubrir que la provisión de corregimientos era una mina más poderosa y boyante que las de Paseo y Potosí. Véase cómo se realizó tan portentoso descubrimiento.

Acostumbraba Amat levantarse con el alba (que, como dice un escritor amigo mío, el madrugar es cualidad de buenos gobernantes), y envuelto en una zamarra de paño burdo, descendía al jardín de Palacio, y se entretenía hasta las ocho de la mañana en cultivarlo. Un pretendiente al corregimiento de Saña o Jauja, los más importantes del virreinato, abordó al virrey en el jardín, con fundiéndolo con su mayordomo, y le ofreció algunos centenares de pelucones porque empléase su influjo todo con su excelencia a fin de conseguir que él se calzase la codiciada prebenda.

—¡Por vida de Santa Cebollina, virgen y mártir, abogada de los callos! ¿Esas teníamos, señor mayordomo? dijo para sus adentros el virrey; y desde ese día se dio tan buenas trazas para hacer su agosto sin necesidad de acólito, que en breve logró contar con fuertes sumas para complacer en sus dispendiosos caprichos a la Perricholi, que, dicho sea de paso, era lo que se entiende por manirrota y botarate.

Volvamos a la Castellanos. Era moda que toda mujer que algo valía tuviese predilección por un faldero. El de Marujita era un animalito muy mono, un verdadero dije. Llegó a la sazón la fiesta del Rosario, y asistió a ella la querida del conde muy pobremente vestida, y llevando tras sí una criada que conducía en brazos al chuchito. Ello dirás, lector, que nada tenía de maravilloso; pero es el caso que el faldero traía un collarín de oro macizo con brillantes como garbanzos.

Mucho dio que hablar durante la procesión la extravagancia de exhibir un perro que llevaba sobre sí tesoro tal; pero el asombro subió de punto cuando, terminada la procesión, se supo que Cupido, con todos sus valiosos adornos había sido obsequiado por su ama a uno de los hospitales de la ciudad, que por falta de rentas estaba poco menos que al cerrarse.

La Mariquita ganó desde ese instante, en la simpatía del pueblo y de la aristocracia, todo lo que había perdido su orgullosa rival Mica Villegas; y es fama que siempre que la hablaban de este suceso, decía con énfasis, aludiendo a que ninguna otra mujer de su estofa la excedería en arrogancia y lujo: —¡Pues no faltaba más!

¡Bonita soy yo, la Castellanos!

Y tanto dio en repetir el estribillo, que se convirtió en refrán popular, y como tal ha llegado hasta la generación presente.

**Los caballeros de la capa**

(Crónica de una Guerra Civil)

A don Juan de la Pezuela, conde de Cheste

**I. Quiénes eran los caballeros de la Capa y el juramento que hicieron**

En la tarde del 5 de junio de 154 hallábanse reunidos en el solar de Pedro de San Millán doce españoles, agraciados todos por el rey por sus hechos en la conquista del Perú.

La casa que los albergaba se componía de una sala y cinco cuartos, quedando gran espacio de terreno por fabricar. Seis sillones de cuero, un escaño de roble y una mugrienta mesa pegada a la pared, formaban el mueblaje de la sala. Así la casa como el traje de los habitantes de ella pregonaban, a la legua, una de esas pobrezas que se codean con la mendicidad. Y así era, en efecto.

Los doce hidalgos pertenecían al número de los vencidos el 6 de abril de 1538 en la batalla de las salinas. El vencedor les había confiscado sus bienes, y gracias que les permitía respirar el aire de Lima, donde vivían de la caridad de algunos amigos. El vencedor, como era de práctica en esos siglos, pudo ahorcarlos sin andarse con muchos perfiles; pero don Francisco Pizarro se adelantaba a su época, y parecía más bien hombre de nuestros tiempos, en que al enemigo no siempre se mata o aprisiona, sino que se le quita por entero o merma la ración de pan. Caídos y levantados, hartos y hambrientos, eso fue la Colonia, y eso ha sido y es la República. La ley del yunque y del martillo imperando a cada cambio de tortilla, o como reza la copla:

Salimos de Guate-mala y entramos en Guate-peor; cambia el pandero de manos, pero de sonidos, no o como dicen en Italia: Librarse de los bárbaros para caer en los Barbarini.

Llamábanse los doce caballeros Pedro de San Millán, Cristóbal de Sotelo, García de Alvarado, Francisco de Chaves, Martín de Bilbao, Diego Méndez, Juan Rodríguez Barragán, Gómez Pérez, Diego de Hoces, Martín Carrillo, Jerónimo de Almagro y Juan Tello.

Muy a la ligera, y por la importancia del papel que desempeñan en esta crónica, haremos el retrato histórico de cada uno de los hidalgos, empezando por el dueño de la casa. A tout seigneur, tout honneur.

Pedro San Millán, caballero santiagués, contaba treinta y ocho años y pertenecía al número de los ciento setenta conquistadores que capturaron a Atahualpa. Al hacerse la repartición del rescate del Inca, recibió ciento treinta y cinco marcos de plata y tres mil trescientas treinta onzas de oro. Leal amigo del mariscal don Diego de Almagro, siguió la infausta bandera de éste, y cayó en la desgracia de los Pizarro, que le confiscaron su fortuna, dejándole por vía de limosna el desmantelado solar de Judíos, y como quien dice: «Basta para un gorrión pequeña jaula». San Millán, en sus buenos tiempos, había pecado de rumboso y gastador; era bravo, de gentil apostura y generalmente querido.

Cristóbal de Sotelo frisaba en los cincuenta y cinco años, y como soldado que había militado en Europa, era su consejo tenido en mucho. Fue capitán de infantería en la batalla de las Salinas.

García de Alvarado era un arrogantísimo mancebo de veintiocho años, de aire marcial, de instintos dominadores, muy ambicioso y pagado de su mérito. Tenía sus ribetes de pícaro y felón.

Diego Méndez, de la orden de Santiago, era hermano del famoso general Rodrigo Ordóñez, que murió en la batalla de las Salinas mandando el ejército vencido. Contaba Méndez cuarenta y tres años, y más que por hombre de guerra se le estimaba por galanteador y cortesano.

De Francisco de Chaves, Martín de Bilbao, Diego de Hoces, Gómez Pérez y Martín Carrillo, solo nos dicen los cronistas que fueron intrépidos soldados y muy queridos de los suyos. Ninguno de ellos llegaba a los treinta y cinco años.

Juan Tello el sevillano fue uno de los doce fundadores de Lima, siendo los otros el marqués Pizarro, el tesorero Alonso Riquelme, el veedor García de Salcedo, el sevillano Nicolás de Ribera el Viejo, Ruiz Díaz, Rodrigo Mazuelas, Cristóbal de Peralta, Alonso Martín de Don Benito, Cristóbal Palomino, el salamanquino Nicolás de Ribera el Mozo y el... secretario Picado. Los primeros alcaldes que tuvo el Cabildo de Lima fueron Ribera el Viejo y Juan Tello.

Como se ve, el hidalgo había sido importante personaje, y en la época en que lo presentamos contaba cuarenta y seis años.

Jerónimo de Almagro era nacido en la misma ciudad que el mariscal, y por esta circunstancia y la del apellido se llamaban primos. Tal parentesco no existía, pues don Diego fue un pobre expósito. Jerónimo rayaba en los cuarenta años.

La misma edad contaba Juan Rodríguez Barragán, tenido por hombre de gran audacia a la par que de mucha experiencia.

Sabido es que así como en nuestros días ningún hombre que en algo se estime sale a la calle en mangas de camisa, así en los tiempos antiguos nadie que aspirase a ser tenido por decente osaba presentarse en la vía pública sin la respectiva capa. Hiciese frío o calor, el español antiguo y la capa andaban en consorcio, tanto en el paseo y el banquete cuanto en la fiesta de iglesia. Por eso sospecho que el decreto que en 1822 dio el ministro Monteagudo prohibiendo a los españoles el uso de la capa, tuvo, para la Independencia del Perú, la misma importancia que una batalla ganada por los insurgentes. Abolida la capa, desaparecía España.

Para colmo de miseria de nuestros doce hidalgos, entre todos ellos no había más que una capa; y cuando alguno estaba forzado a salir, los once restantes quedaban arrestados en la casa por falta de la indispensable prenda.

Antonio Picado, el secretario del marqués don Francisco Pizarro, o más bien dicho, su demonio de perdición, hablando un día de los hidalgos los llamó Caballeros de la capa. El mote hizo fortuna y corrió de boca en boca.

Aquí viene a cuento una breve noticia biográfica de Picado. Vino éste al Perú en 1534 como secretario del mariscal don Pedro de Alvarado, el del famoso salto en México. Cuando Alvarado, pretendiendo que ciertos territorios del Norte no estaban comprendidos en la jurisdicción de la conquista señalada por el emperador a Pizarro, estuvo a punto de batirse con las fuerzas de don Diego que Almagro, Picado vendía a éste los secretos de su jefe, y una noche, recelando que se descubriese su infamia, se fugó al campo enemigo. El mariscal envió fuerza a darle alcance, y no lográndolo, escribió a don Diego que no entraría en arreglo alguno si antes no le entregaba la persona del desleal. El caballeroso Almagro rechazó la pretensión, salvando así la vida a un hombre que después fue tan funesto para él y para los suyos.

Don Francisco Pizarro tomó por secretario a Picado, el que ejerció sobre el marqués una influencia fatal y decisiva. Picado era quien, dominando los arranques generosos del gobernador, lo hacía obstinarse en una política de hostilidad contra los que no tenían otro crimen que el de haber sido vencidos en la batalla de las Salinas.

Ya por el año de 1541 sabíase de positivo que el monarca, inteligenciado de lo que pasaba en estos reinos, enviaba al licenciado don Cristóbal Vaca de Castro para residenciar al gobernador; y los almagristas, preparándose a pedir justicia por la muerte dada a don Diego, enviaron, para recibir al comisionado de la corona y prevenir su ánimo con informes, a los capitanes Alonso Portocarrero y Juan Balsa. Pero el juez pesquisidor no tenía cuándo llegar. Enfermedades y contratiempos marítimos retardaban su arribo a la ciudad de los reyes.

Pizarro, entre tanto, quiso propiciarse amigos aun entre los caballeros de la capa; y envió mensajes a Sotelo, Chaves y otros, ofreciéndoles sacarlos de la menesterosa situación en que vivían.

Pero, en honra de los almagristas, es oportuno consignar que no se humillaron a recibir el mendrugo de pan que se les quería arrojar.

En tal estado las cosas, la insolencia de Picado aumentaba de día en día, y no excusaba manera de insultar a los de Chile, como eran llamados los parciales de Almagro. Irritados éstos, pusieron una noche tres cuerdas en la horca, con carteles que decían: Para Pizarra —Para Picado —Para Velázquez.

El marqués, al saber este desacato, lejos de irritarse, dijo sonriendo:

—¡Pobres! Algún desahogo les hemos de dejar y bastante desgracia tienen para que los molestemos más. Son jugadores perdidos y hacen extremos de tales.

Pero Picado se sintió, como su nombre, picado; y aquella tarde, que era la del 5 de junio, se vistió un jubón y una capetilla francesa, bordada con higas de plata, y montado en un soberbio caballo, pasó y repasó, haciendo caracolear al animal, por las puertas de Juan de Rada, el tutor del joven Almagro, y del solar de Pedro de San Millán, residencia de los doce hidalgos; llevando su provocación hasta el punto de que, cuando algunos de ellos se asomaron, les hizo un corte de manga, diciendo: —Para los de Chile —y picó espuelas al bruto.

Los caballeros de la capa mandaron llamar inmediatamente a Juan de Rada.

Pizarra había ofrecido al joven Almagro, que quedó huérfano a la edad de diecinueve años, ser para él un segundo padre, y al efecto lo aposentó en palacio, pero fastidiado el mancebo de oír palabras en mengua de la memoria del mariscal y de sus amigos, se separó del marqués y se constituyó pupilo de Juan de Rada. Era éste un anciano muy animoso y respetado, pertenecía a una noble familia de Castilla, y se le tenía por hombre de gran cautela y experiencia. Habitaba en el portal de Botoneros; que así llamamos en Lima a los artesanos que en otras partes son pasamaneros, unos cuartos del que hasta hoy se conoce con el nombre de callejón de los Clérigos. Rada vio en la persona de Almagro el Mozo un hijo y una bandera: para vengar la muerte del mariscal; y todos los de Chile, cuyo número pasaba de doscientos, si bien reconocían por caudillo al joven don Diego, miraban en Rada el llamado a dar impulso y dirección a los elementos revolucionarios.

Rada acudió con presteza al llamamiento de los caballeros. El anciano se presentó respirando indignación por el nuevo agravio de Picado, y la junta resolvió no esperar justicia del representante que enviaba la corona, sino proceder al castigo del marqués y de su insolente secretario.

García de Alvarado, que tenía puesta esa tarde la capa de la compañía, la arrojó al suelo, y parándose sobre ella, dijo:

—Juremos por la salvación de nuestras ánimas morir en guarda de los derechos de Almagro el Mozo, y recortar de esta capa la mortaja para Antonio Picado.

## II. De la atrevida empresa que ejecutaron los caballero de Capa

Las cosas no podían concertarse tan en secreto que el marqués no advirtiese que los de Chile tenían frecuentes conciliábulos, que reinaba entre ellos una agitación sorda, que compraban armas y que, cuando Rada y Almagro el Mozo salían a la calle, eran seguidos a distancia y a guisa de escolta, por un grupo de sus parciales. Sin embargo, el marqués no dictaba providencia alguna.

En esta inacción del gobernador recibió cartas de varios corregimientos participándole que los de Chile preparaban sin embozo un alzamiento en todo el país. Estas y otras denuncias le obligaron una mañana a hacer llamar a Juan de Rada.

Encontró éste a Pizarro en el jardín de palacio, al pie de una higuera que aún existe, y según Herrera, en sus Décadas, medió entre ambos este diálogo:

—¿Qué es esto, Juan de Rada, que me dicen que andáis comprando armas para matarme?

—En verdad, señor, que he comprado dos coracinas y una cota para defenderme.

—¿Pues qué causa os mueve ahora, más que en otro tiempo, a proveeros de armas?

—Porque nos dicen, señor, y es público, que su señoría recoge lanzas para matarnos a todos. Acábenos ya su señoría y haga de nosotros lo que fuese servido porque, habiendo comenzado por la cabeza, no sé yo por qué ha de tener respeto a los pies. También se dice que su señoría piensa matar al juez que viene enviado por el rey. Si su ánimo es tal y determina dar muerte a los de Chile, no lo haga con todos. Destierre su señoría a don Diego en un navío, pues es inocente, que yo me iré con él adonde la fortuna nos quisiere llevar:

—¿Quién os ha hecho entender tan gran traición y maldad como ésa? Nunca tal pensé, y más deseo tengo que vos de que acabe de llegar el juez, que ya estuviera aquí si hubiese aceptado embarcarse en el galeón que yo le envié a Panamá. En cuanto a las armas, sabed que el otro día salí de caza, y entre cuantos íbamos ninguno llevaba lanza; y mandé a mis criados que comprasen una, y ellos mercaron cuatro. ¡Plegue a Dios; Juan de Rada, que venga el juez y estas cosas hayan fin, y Dios ayude a la verdad!

Por algo se ha dicho que del enemigo el consejo. Quizá habría Pizarro evitado su infausto fin, si, como se lo indicaba el astuto Rada, hubiese en el acto desterrado a Almagro.

La plática continuó en tono amistoso, y al despedirse Rada, le obsequió Pizarro seis higos que él mismo cortó por su mano del árbol, y que eran de los primeros que se producían en Lima.

Con esta entrevista pensó don Francisco haber alejado todo peligro, y siguió despreciando los avisos que constantemente recibía.

En la tarde del 25 de junio, un clérigo le hizo decir que, bajo secreto de confesión, había sabido que los almagristas trataban de asesinarlo, y muy en breve.

—Ese clérigo, obispado quiere —respondió el marqués; y con la confianza de siempre, fue sin escolta a paseo y al juego de pelota y bochas, acompañado de Nicolás de Ribera el Viejo.

Al acostarse, el pajecillo que le ayudaba a desvestirse, le dijo:

—Señor marqués, no hay en las calles más novedad sino que los de Chile quieren matar a su señoría.

—¡Eh! Déjate de bachillerías, rapaz, que esas cosas no son para ti —le interrumpió Pizarro.

Amaneció el domingo 26 de junio, y el marqués se levantó algo preocupado.

A las nueve llamó al alcalde mayor, Juan de Velázquez, y recomendóle que procurase estar al corriente de los planes de los de Chile, y que si barruntaba algo de gravedad, procediese sin más acuerdo a la prisión del caudillo y de sus principales amigos.

Velázquez le dio esta respuesta, que las consecuencias revisten de algún chiste:

—¡Descuide vuestra señoría, que mientras yo tenga en la mano esta vara, ¡juro a Dios que ningún daño le ha de venir!

Contra su costumbre no salió Pizarro a misa, y mandó que se la dijesen en la capilla de palacio.

Parece que Velázquez no guardó, como debía, reserva con la orden del marqués, y habló de ella con el tesorero Alonso Riquelme y algunos otros. Así llegó a noticia de Pedro de San Millán, quien se fue a casa de Rada, donde estaban reunidos muchos de los conjurados. Participóles lo que sabía y añadió:

—Tiempo es de proceder, pues si lo dejamos para mañana, hoy nos hacen cuartos. Mientras los demás se esparcían por la ciudad a llenar diversas comisiones, Juan de Rada, Martín de Bilbao, Diego Méndez, Cristóbal de Sosa, Martín Carrillo, Pedro de San Millán, Juan de Porras, Gómez Pérez, Arbolancha, Narváez y otros, hasta completar diecinueve conjurados, salieron precipitadamente del callejón de los Clérigos (y no del de Petateros, como cree el vulgo) en dirección a palacio. Gómez Pérez dio un pequeño rodeo para no meterse en un charco, y Juan de Rada lo apostrofó:

—¿Vamos a bañamos en sangre humana, y está cuidando vuesa merced de no mojarse los pies? Andad y volveos, que no servís para el caso.

Más de quinientas personas, paseantes o que iban a la misa de doce, había a la sazón en la plaza, y permanecieron impasibles mirando el grupo. Algunos maliciosos se limitaron a decir:

—Esos van a matar al marqués o a Picado...

El marqués, gobernador y capitán general del Perú don Francisco Pizarro, se hallaba en uno de los salones del palacio en tertulia con el obispo electo de Quito, el alcalde Velázquez y hasta quince amigos más, cuando entró un paje gritando:

—Los de Chile vienen a matar al marqués, mi señor.

La confusión fue espantosa. Unos se arrojaron por los corredores al jardín, y otros se descolgaron por las ventanas a la calle, contándose entre los últimos el alcalde Velázquez, que para mejor asirse de la balaustrada se puso entre los dientes la vara de juez. Así no faltaba al juramento que había hecho tres horas antes; visto que si el marqués se hallaba en atrenzos, era porque él no tenía la vara en la mano, sino en la boca.

Pizarro, con la coraza mal ajustada, pues no tuvo espacio para acabarse de armar, la capa terciada a guisa de escudo y su espada en la mano, alió a oponerse a los conjurados, que ya habían muerto a un capitán y herido a tres o cuatro criados. Acompañaban al marqués su hermano uterino Martín de Alcántara, Juan Ortiz de Zárate y dos pajes.

El marqués, a pesar de sus sesenta y cuatro años, se batía con los bríos de la mocedad; y los conjurados no lograban pasar del dintel de una puerta, defendida por Pizarro y sus cuatro compañeros, que lo imitaban en el esfuerzo y coraje.

—¡Traidores! ¿Por qué me queréis matar? ¡Qué vergüenza! ¡Asaltar como bandoleros mi casa! —gritaba furioso Pizarro, blandiendo la espada; y a tiempo que hería a uno de los conjurados, que Rada había empujado sobre él, Martín de Bilbao le acertó una estocada en el cuello.

El conquistador del Perú solo pronunció una palabra: «¡Jesús!», y cayó, haciendo con el dedo una cruz de sangre en el suelo, y besándola.

Entonces Juan Rodríguez Barragán le rompió en la cabeza una garrafa de barro de Guadalajara, y don Francisco Pizarro exhaló el último aliento.

Con él murieron Martín de Alcántara y los dos pajes, quedando gravemente herido Ortiz de Zárate.

Quisieron más tarde sacar el cuerpo de Pizarro y arrastrado por la plaza, pero los ruegos del obispo de Quito y el prestigio de Juan de Rada estorbaron este acto de bárbara ferocidad. Por la noche dos humildes servidores del marqués lavaron el cuerpo; le vistieron el hábito de Santiago sin calzarle las espuelas de oro, que habían desaparecido; abrieron una sepultura en el terreno de la que hoy es Catedral, en el patio que aún se llama de los Naranjos, y enterraron el cadáver. Encerrados en un cajón de terciopelo con broches de oro se encuentran hoy los huesos de Pizarro, bajo el altar mayor de la catedral. Por lo menos tal es la general creencia.

Realizado el asesinato, salieron sus autores a la plaza gritando:

«¡Viva el rey! ¡Muerto es el tirano! ¡Viva Almagro! ¡Póngase la tierra en justicia!» Y Juan de Rada se restregaba las manos con satisfacción, diciendo: «¡Dichoso día en el que se conocerá que el mariscal tuvo amigos tales que supieron tomar venganza de su matador!» Inmediatamente fueron presos Jerónimo de Aliaga, el factor Illán Suárez de Carbajal, el alcalde del Cabildo Nicolás de Ribera el Viejo y muchos de los principales vecinos de Lima. Las casas del marqués, de su hermano Alcántara y de Picado fueron saqueadas. El botín de la primera se estimó en cien mil pesos, el de la segunda en quince mil pesos y el de la última en cuarenta mil.

A las tres de la tarde, más o de doscientos almagristas habían creado un nuevo Ayuntamiento; instalado a Almagro el Mozo en palacio con título de gobernador, hasta que el rey proveyese otra cosa; reconocido a Cristóbal Sotelo por su teniente gobernador, y conferido a Juan de Rada el mando del ejército.

Los religiosos de la Merced, que, así en Lima como en el Cuzco, eran almagristas, sacaron la custodia en procesión y se apresuraron a reconocer el nuevo gobierno. Gran papel desempeñaron siempre los frailes en las contiendas de los conquistadores.

Húbolos que convirtieron la cátedra del Espíritu Santo en tribuna de difamación contra el bando que no era de sus simpatías. Y en prueba de la influencia que sobre la soldadesca tenían los sermones, copiaremos una carta que, en 1553, dirigió Francisco Girón al padre Baltasar Melgarejo. Dice así la carta:

Muy magnífico y reverendo señor: Sabido he que vuesa paternidad me hace más guerra con la lengua, que no los soldados con sus armas. Merced recibiré que haya enmienda en el negocio, porque de otra manera, dándome Dios victoria, forzarme ha vuesa paternidad que no mire nuestra amistad y quien vuesa paternidad es, cuya muy magnífica y reverenda persona guarde—. De este mi real de Pachacamac. —Besa la mano de vuesa paternidad su servidor. —Francisco Hernández Girón.

Una observación histórica. El alma de la conjuración fue siempre Rada, y Almagro el Mozo ignoraba todos los planes de sus parciales. No se le consultó para el asesinato de Pizarro, y el joven caudillo no tuvo en él más parte que aceptar el hecho consumado.

Preso el alcalde Velázquez, consiguió hacerlo fugar su hermano el obispo del Cuzco, fray Vicente Valverde, aquel fanático de la orden dominica que tanta influencia tuvo para la captura y suplicio de Atahualpa. Embarcáronse luego los dos hermanos para ir a juntarse con Vaca de Castro; pero en la isla de la Puná los indios los mataron a flechazos, junto con los otros dieciséis españoles. No sabemos a punto fijo si la Iglesia venera entre sus mártires al padre Valverde.

Velázquez escapó de las brasas para caer en las llamas. Los caballeros de la capa no lo habrían tampoco perdonado.

Desde los primeros síntomas de la revolución, Antonio Picado se escondió en casa del tesorero Riquelme, y descubierto al día siguiente su asilo, fueron a prenderlo. Riquelme dijo a los almagristas:

—No sé dónde está el señor Picado —y con los ojos les hizo señas para que lo buscasen debajo de la cama. La pluma se resiste a hacer comentarios sobre tamaña felonía.

Los caballeros de la capa, presididos por Juan de Rada y con anuencia de don Diego, se constituyeron en tribunal. Cada uno enrostró a Picado el agravio que de él hubiera recibido cuando era omnipotente cerca de Pizarro, luego le dieron tormento para que revelase dónde el marqués tenía tesoros ocultos; y por fin el 29 de septiembre, le cortaron la cabeza en la plaza con el siguiente pregón, dicho en voz alta por Cosme Ledesma, negro ladino, en la lengua española, a toque de caja y acompañado de cuatro soldados con picas y otros dos con arcabuces y cuerdas encendidas:

—Manda Su Majestad que muera este hombre por revolvedor de estos reinos, e porque quemó e usurpó muchas provisiones reales, encubriéndolas porque venían en gran daño al marqués, e porque cohechaban e había cohechado mucha suma de pesos de oro en la tierra.

El juramento de los caballeros de la capa se cumplió al pie de la letra. La famosa capa le sirvió de mortaja a Antonio Picado.

### III. El fin del caudillo y de los doce caballeros

No nos proponemos entrar en detalles sobre los catorce meses y medio que Almagro el Mozo se mantuvo como caudillo, ni historiar la campaña que, para vencerlo, tuvo que emprender Vaca de Castro. Por eso, a grandes rasgos hablaremos de los sucesos.

Con escasas simpatías entre los vecinos de Lima, viose don Diego forzado a abandonar la ciudad para reforzarse en Guamanga y el Cuzco, donde contaba con muchos partidarios. Días antes de emprender la retirada, se le presentó Francisco de Chaves exponiéndole una queja, y no recibiendo reparación de ella, le dijo: No quiero ser más tiempo vuestro amigo, y os devuelvo la espada y el caballo—. Juan de Rada lo arrestó por la insubordinación, y enseguida lo hizo degollar. Así concluyó uno de los caballeros de la capa.

Juan de Rada, gastado por los años y las fatigas, murió en Jauja al principiarse la campaña. Fue éste un golpe fatal para la causa revolucionaria. García de Alvarado lo reemplazó como general, y Cristóbal de Sotelo fue nombrado maese de campo.

En breve estalló la discordia entre los dos jefes del ejército, y hallándose Sotelo enfermo en cama, fue García de Alvarado a pedirle satisfacción por ciertas hablillas:

—No me acuerdo haber dicho nada de vos ni de los Alvarado —contestó el maese de campo—; pero si algo he dicho, lo vuelvo a decir, porque, siendo quien soy, se me da una higa de los Alvarado; y esperad a que me abandone la fiebre que me trae postrado para demandarme más explicaciones con la punta de la espada. Entonces el impetuoso García de Alvarado cometió la villanía de herirlo, y uno de sus parciales lo acabó de matar. Tal fue la muerte del segundo caballero de la capa.

Almagro el Mozo habría querido castigar en el acto al aleve matador; pero la empresa no era hacedera. García de Alvarado, ensoberbecido con su prestigio sobre la soldadesca, conspiraba para deshacerse de don Diego, y luego, según le conviniese, batir a Vaca de Castro o entrar en acuerdo con él. Almagro disimuló mañosamente, inspiró confianza a Alvarado, y supo atraerlo a un convite que daba en el Cuzco Pedro de San Millán. Allá, en medio de la fiesta, un confidente de don Diego se echó sobre don García diciéndole:

—¡Sed preso!

—Preso no, sino muerto —añadió Almagro, y le dio una estocada, acabándolo de matar los otros convidados.

Así desaparecieron tres de los caballeros de la capa antes de presentar batalla al enemigo. Estaba escrito que todos habían de morir de muerte violenta y bañados en su sangre.

Entre tanto, se aproximaba el momento decisivo, y Vaca de Castro hacía a Almagro proposiciones de paz y promulgaba un indulto, del que solo estaban exceptuados los nueve caballeros de la capa que aún vivían, y dos o tres españoles más.

El domingo 16 de septiembre de 1542 terminó la guerra civil con la sangrienta batalla de Chupas. Almagro, al frente de quinientos hombres, fue casi vencedor de los ochocientos que seguían la bandera de Vaca de Castro. Durante la primera hora, la victoria pareció inclinarse del lado del joven caudillo; pues Diego de Hoces, que mandaba una ala de su ejército, puso en completa derrota una división contraria. Sin el arrojo de Francisco de Carbajal, que restableció el orden en las filas de Vaca de Castro, y más que esto, sin la impericia o traición de Pedro de Candía, que mandaba la artillería almagrista, el triunfo de los de Chile era seguro.

El número de muertos por ambas partes pasó de doscientos cuarenta, y el de los heridos fue también considerable. Entre tan reducido número de combatientes, solo se explica un encarnizamiento igual teniendo en cuenta que los almagristas tuvieron por su caudillo el mismo fanático entusiasmo que habían profesado al mariscal su padre; y ya es sabido que el fanatismo por una causa ha hecho siempre los héroes y los mártires.

Aquéllos sí eran tiempos en los que, para entrar en batalla, se necesitaba tener gran corazón. Los combates terminaban cuerpo a cuerpo, y el vigor, la destreza y lo levantado del ánimo decidían del éxito.

Las armas de fuego distaban tres siglos del fusil de aguja, y eran más bien un estorbo para el soldado, que no podía utilizar el mosquete o arcabuz si no iba provisto de eslabón, pedernal y yesca para encender la mecha. La artillería estaba en la edad del babador; pues los pedreros o falconetes, si para algo servían era para meter ruido como los petardos. Propiamente hablando, la pólvora se gastaba en salvas; pues no conociéndose aún escala de punterías, las balas iban por donde el diablo las guiaba. Hoy es una delicia caer en el campo de batalla, así el mandria como el audaz, con la limpieza con que se resuelve una ecuación de tercer grado. Muere el prójimo matemáticamente, en toda regla, sin error de suma o pluma; y ello, al fin, debe ser un consuelo que se lleva el alma al otro barrio. Decididamente, hogaño una bala de cañón es una bala científica, que nace educada y sabiendo a punto fijo dónde va a parar. Esto es progreso, y lo demás es chiribitas y agua de borrajas.

Perdida toda esperanza de triunfo, Martín de Bilbao y Jerónimo de Almagro no quisieron abandonar el campo, y se lanzaron entre los enemigos gritando:

—¡A mí, que yo maté al marqués! En breve cayeron sin vida. Sus cadáveres fueron descuartizados al día siguiente.

Pedro de San Millán, Martín Carrillo y Juan Tello fueron hechos prisioneros, y Vaca de Castro los mandó degollar en el acto.

Diego de Hoces, el bravo capitán que tan gran destrozo causara en las tropas realistas, logró escapar del campo de batalla, para ser pocos días después degollado en Guamanga.

Juan Rodríguez Barragán, que había quedado por teniente gobernador en el Cuzco, fue apresado en la ciudad y se le ajustició.

Las mismas autoridades que creó don Diego, al saber su derrota, se declararon por el vencedor para obtener indultos y mercedes.

Diego Méndez y Gómez Pérez lograron asilarse cerca del Inca Manco, que, protestando contra la conquista, conservaba en las crestas de los Andes un grueso ejército de indios. Allí vivieron hasta fines de 1544. Habiendo un día Gómez Pérez tenido un altercado con el Inca Manco, mató a éste a puñaladas, y entonces los indios asesinaron a los dos caballeros y a cuatro españoles más que habían buscado refugio entre ellos.

Almagro el Mozo peleó con desesperación hasta el último momento en que, decidida la batalla, lanzó su caballo sobre Pedro de Candía, y diciéndole «¡Traidor!», lo atravesó con su lanza.

Entonces Diego de Méndez lo forzó a emprender la fuga para ir a reunirse con el Inca, y habríalo logrado si a Méndez no se le antojara entrar en el Cuzco para despedirse de su querida. Por esta imprudencia fue preso el valeroso mancebo, logrando Méndez escapar para morir más tarde, como ya hemos referido, a manos de los indios Se formalizó proceso, y don Diego salió condenado. Apeló del fallo a la Audiencia de Panamá y al rey, y la apelación le fue denegada. Entonces dijo con entereza:

—Emplazo a Vaca de Castro ante el tribunal de Dios, donde seremos juzgados sin pasión; y pues muero en el lugar donde degollaron a mi padre, ruego solo que me coloquen en la misma sepultura, debajo de su cadáver.

Recibió la muerte —dice un cronista que presenció la ejecución— con ánimo valiente. No quiso que le vendasen los ojos por fijarlos, hasta su postrer instante, en la imagen del Crucificado; y, como lo había pedido, se le dio la misma tumba que al mariscal su padre.

Era este joven de veinticuatro años de edad, nacido de una india noble de Panamá, de talla mediana, de semblante agraciado, gran jinete, muy esforzado y diestro en las armas; participaba de la astucia de su progenitor, excedía en la liberalidad a su padre, que fue harto dadivoso, y como él, sabía hacerse amar con locura de sus parciales. —Así, con el triste fin del caudillo y de los caballeros de la capa, quedó exterminado en el Perú el bando de los de Chile.

## Un pronóstico cumplido

(Crónica de los virreyes Marqués de Cañete y Conde de Nieva)

**I**

Ni la tragedia de Saxahuamán, en que se levantó el cadalso para el muy magnífico don Gonzalo Pizarro, y su bravo maese de campo Francisco de Carbajal, ni el sangriento fin del capitán Francisco Girón, ahorcado algunos años después en la plaza de Lima, alcanzaron a extinguir en el virreinato los motivos de civil discordia. En todos los pueblos del Perú existían dispersos y prontos a ponerse en combustión, tan luego como apareciese un hombre audaz y con sobrada inteligencia para darles dirección, infinitos elementos de anarquía.

Carlos V, en vísperas de encerrarse ya en el monasterio de Yuste y en vista de los circunstanciados informes que recibió de las colonias, llegó a convencerse del peligro en que estaba de perder con el Perú el más bello florón de su corona. Para conjurar la amenazadora tormenta, confirió amplios poderes a don Andrés Hurtado de Mendoza, marqués de Cañete, y el título de virrey que el conde de Casa Palma no había querido admitir. No se engañó el monarca en la elección de su representante, de quien dice un concienzudo historiador que unía la prudencia de La Gasea a la de Blasco Núñez de Vela.

Antes de hacer su entrada en Lima, entrada que se verificó con solemnidad no vista hasta entonces, pasó el marqués de Cañete un oficio al Cabildo, en el cual daba a sus miembros el tratamiento de nobles señores. Su antecesor, el débil don Antonio de Mendoza los había acostumbrado al título de muy nobles señores. Alguna agitación produjo el oficio entre los cabildantes, azuzándola los tenientes de la rebeldía de Girón, que persistían en traer revuelto al país. Uno de los sempiternos bochincheros, Martín de Robles, dijo en pleno Cabildo:

—Que venga el señor virrey, que ya le enseñaremos a tener crianza.

Y, en efecto, llegó el virrey, y su primer paso fue cortar por lo sano, mandando matar a todos los trastornadores, inclusive Robles, dándosele un bledo del indulto que les había acordado la Real Audiencia por sus pasados extravíos.

Estos actos de severa justicia, y la sagacidad con que supo atraerse al Inca don Cristóbal Sayri Túpac, heredero del imperio de Atahualpa, y que desde la sierra mantenía en alarma a los españoles, pusieron a raya a los turbulentos, y don Andrés pudo consagrarse con tranquilidad a la organización del virreinato. Cuentan que convidado don Cristóbal a un banquete que en obsequio suyo dio el arzobispo, tomó entre los dedos una hilacha del fleco del mantel y dijo, aludiendo a que solo se le había dejado el cacicazgo de Urubamba:

—Todo el mantel fue mío, y hoy apenas si es mía esta hilachita.

Datan de esta época las fundaciones de la villa de Cañete y de la ciudad de Cuenca.

Por entonces se ensayó desaguar la célebre laguna de Urcos con el propósito de extraer de ella la cadena de oro del Inca; se trajeron del Cuzco las momias de varios monarcas, a las que se enterró en el patio del hospital de San Andrés, y se celebraron con mucha pompa, en toda América, los funerales del emperador Carlos V.

Pero el marqués de Cañete, a quien tanto debía su soberano, confiaba demasiado en el reconocimiento de Felipe II. Los enemigos que por llenar su misión se había creado eran numerosos e influyentes en la corte, y alcanzaron del ingrato monarca que, don Andrés fuese relevado desairosamente. El rey no tuvo en cuenta sus servicios ni los de su hijo don García, que tan bizarramente había vengado en Chile a Pedro de Valdivia, sacrificado por los araucanos, y nombró virrey del Perú al conde de Nieva, don Diego López de Zúñiga y Velasco.

Era éste el hombre con menos dotes de mando que podía encontrarse. Apenas llegado a Panamá, principió a difamar al anciano marqués y a constituirse en eco de las acusaciones de los descontentos. Hurtado de Mendoza se había anticipado a enviar un emisario que lo recibiese en el istmo, y cuentan que entre los dos solo se cambiaron estas palabras:

—S. E. el marqués de Cañete me manda cerca de V. E. p ra...

El conde de Nieva no dejó continuar su arenga al emisario; pues, montando en ira, le interrumpió:

—Entienda, señor capitán, que aquí no hay más excelencia que yo, y que el sandio del marqués tiene que adueñarse desde hoy, si le place, del tratamiento de señoría. Y andad y decid a vuestro amo que así lo tenga por sabido.

El emisario regresó inmediatamente a Lima, mientras el nuevo virrey se detenía visitando algunos pueblos del Norte:

Verdad inconcusa es que hasta en el cielo se da importancia a lisonjeros tratamientos. El cristiano que, en la gloria eterna, aspire a hacerse simpático, tiene que empezar por aplaudir, con más entusiasmo que en el teatro, los gorgoritos de los serafines, y no tropezar con San José sin dar un par de ósculos bien sonados a la varilla de azucenas que en la mano lleva. A cada santo ha de hacerle respetuosa genuflexión, añadiendo la obligada frase de: —Beso a su merced los pies—. Por supuesto, que no ha de dirigir la palabra a la Madre de Dios sin llamarla antes *turris eburnea* y *regina coeli*; iy guay de él si no exclama por tres veces al encontrarse con el Padre Eterno: Sanctus!... Sanctus!... Sanctus! Tal es la opinión de un escritor ilustre que sostiene ser la lisonja claro indicio de buena educación en el hombre, y que escuchar piropos es gratísimo no solo a oídos humanos, sino hasta a los divinos.

El marqués de Cañete, que no quiso halagar la vanidad de los cabildantes, dándoles el tratamiento a que su antecesor los había acostumbrado, iba a pasar por humillación idéntica.

Grande fue ia impresión que en el respetable marqués de Cañete produjeron las desatentas p labras de que le dio noticia el emisario. Su orgullo nobiliario estaba herido cruelmente. En el acto cayó enfermo, para morir pocos días antes de que entrase en Lima su sucesor, y en el delirio de la fiebre exclamaba sin cesar:

—¡Nieva! ¡Tendrás mala muerte!

El cómo se realizó la profecía del febricitante marqués es lo que verá el lector en el siguiente capítulo.

## II

El gobierno de don Diego López de Zúñiga y Velasco, conde de Nieva y señor de las villas de Arnedo, Cerezos y Arenzanas, no excedió de tres años, y habría pasado sin dejar la menor huella en la historia sin el misterioso y romancesco fin que cupo a este virrey. Encontró el país como una balsa de aceite merced a las fatigas y tino de su antecesor, y gobernó como quien trata solo de llenar el expediente. Más que en la administración, pensó en fiestas y galanteos.

Fue el conde de Nieva quien con el título de villa de Arnedo fundó el pueblo de Chancay, a doce leguas de Lima, con el propósito de establecer allí una Universidad que compitiera acaso con la de Salamanca, y comisionó a don Cristóbal Valverde para la fundación de la ciudad de Ica. Entiendo que Saña, destruida después por una inundación, fue también fundada por ese gobernante.

No encuentro en los cronistas dato alguno que interese sobre esa época, salvo el de la creación de un hospital para leprosos, que emprendió un buen hombre, conocido por Antón Sánchez, en desagravio por haberse burlado en España de su padre, llamándolo lazarino.

Era el 19 de febrero de 1564, y después de la medianoche descendía un embozado, con ayuda de una escala de cuerda, de un balcón situado en el ángulo que hoy forman la plaza de la Inquisición y la solitaria calle de los Trapitos.

Noche, balcón, escala y embozado, denuncian, a través de los siglos, asunto de faldas y amoríos: el sempiterno ¿quién es ella?, que trae al retortero este pícaro mundo desde que a Dios le vino en antojo crearlo.

La casa a que el balcón pertenecía aún era habitada por una de las familias más acaudaladas, influyentes y aristocráticas de aquella época.

Cuando faltaban al galán pocos peldaños para tocar en el suelo, se desprendió la escala del balcón, y al mismo tiempo cinco embozados principiaron a descargar, con gran fuerza, costalazos de arena sobre el caído, gritándole:

—¡Ladrón de honras!

Los criados del futuro marqués de Zárate, cuyos descendientes fueron los marqueses de Montemira y condes de Valle-Oselle, que habitaban en la casa fronteriza, en la calle que hoy mismo lleva ese nombre, despertaron a los gritos de los agresores y de la víctima, lanzándose fuera para prestar auxilio al que lo demandaba. Mas cuando llegaron al sitio, solo encontraron un cadáver.

Este era el del conde de Nieva, cuarto virrey del Perú, que había perecido oscura y traidoramente, sacrificado a la justa venganza de un esposo ofendido, cuyo nombre, según un cronista, era don Rodrigo Manrique de Lara.

Aunque los restos del virrey fueron llevados a palacio antes de amanecer, y la Audiencia procuró hacer creer al pueblo que había fallecido repentinamente en su cama, por consecuencia de un ataque de apoplejía, la verdad del caso era sabida en todo Lima.

Este virrey, como su antecesor, fue sepultado con gran pompa en la iglesia de San Francisco.

La Real Audiencia siguió, muy en secreto, causa para castigar al asesino; pero resultando comprometidos altos personajes, tomó el prudente partido de echar tierra sobre el proceso y evitar así mayor escándalo.

A luengas distancias, luengas mentirás, dice el refrán. De suponerse es cuán abultada llegaría a España la noticia, y los comentarios a que ella se prestó.

Felipe II resolvió entonces; mientras nombraba nuevo virrey, enviar al licenciado don Lope García de Castro con el título de presidente de la Audiencia, dándole el especial encargo de formar proceso al asesino y sus cómplices.

Pero al arribo del licenciado a Lima, que fue el 22 de septiembre de 1564, había muerto don Rodrigo, el principal acusado; cuatro de sus parientes, que habían sido sus cómplices, aunque del sumario no aparecían pruebas claras, eran personajes ricos y de gran significación social, y, por fin, la viuda, joven y bella, era aindamáis de la rancia nobleza de Castilla, como prima segunda de su amante el virrey conde de Nieva.

El presidente de la Real Audiencia lo tuvo todo en cuenta, y rompió el protocolo, diciendo a sus colegas:

—Quédese esto quedo, que peor es meneallo.

## La monja de la llave

(Crónica de la época del sexto y séptimo virreyes del Perú)

**I**

Corría el mes de mayo del año de gracia 1587.

Medianoche era por filo cuando un embozado escalaba, en la calle que hoy es plaza de Bolívar, un balcón perteneciente a la casa habitada por el conquistador Nicolás de Ribera el Mozo, a quien el marqués don Francisco Pizarro había favorecido con pingües repartimientos y agraciado Carlos V con el hábito de Santiago. Quien lea el acta de fundación de Lima (18 de enero de 1535) encontrará los nombres de Nicolás de Ribera el Viejo y Nicolás de Ribera el Mozo. Por la época de esta tradición la mocedad de Ribera el Mozo era una pulla, pues nuestro poblador de la ciudad de los Reyes rayaba en los ochenta diciembres.

No se necesita inspiración apostólica para adivinar que era un galán el que así penetraba en casa de Ribera el Mozo, y que el flamante caballero santiagués debía tener una hija hermosa y casadera.

Doña Violante de Ribera, dichosa en puridad, era una linda limeña de ojos más negros que una mala intención, tez aterciopelada, riza y poblada cabellera, talle de sílfide, mano infantil y el pie más mono que han calzado zapaticos de raso. Contaba entonces veinticuatro abriles muy floridos; y a tal edad, muchacha de buen palmito y sin noviazgo o quebradero de cabeza, es punto menos que imposible. En vano su padre la tenía bajo la custodia de una dueña quintañona, más gruñidora que mastín de hortelano e incólume hasta de la sospecha de haberse ejercitado en los días de su vida en zurcir voluntades. ¡Bonita era doña Circuncisión para tolerar trapicheos, ella que cumplía con el precepto todas las mañanas y que comulgaba todos los domingos!

Pero Violante tenía un hermano nombrado don Sebastián, oficial de la escolta del virrey, el cual hermano se trataba íntimamente con el capitán de escopeteros Rui Díaz de Santillana; y como el diablo no busca sino pretexto para perder a las almas, aconteció que el capitancito se le entró por el ojo derecho a la niña, y que hubo entre ambos este dialoguito:

—¿Hay quien nos escuche?—No.
—¿Quieres que te diga? —Di.
—¿Tienes un amante? —¡Yo!
—¿Quieres que lo sea? —Sí.

La honrada doña Circuncisión acostumbraba cada noche hacerse leer por su pupila la vida del santo del día, rezar con ella un rosario cimarrón mezclado de caricias al michimorrongo, y, oyendo a las nueve las campanadas de la queda, apurar una jícara de soconusco acompañada de bizcochos y mantecados. Pero es el caso que Violante se daba trazas para, al descuido Y con cuidado, echar en el chocolate de la dueña algunas gotas de extracto de floripondios, que producían en la beata un sueño que distaba no mucho del eterno. Así cuando ya no se movía ni una paja en la casa ni en la calle, podía el capitán Rui Díaz, con auxilio de una escala de cuerda, penetrar en el cuarto de su amada sin temor a importuna sorpresa de la dueña.

Madre, la mi madre,
¿guardas me ponéis?
Si yo no me guardo,
no me guardaréis,

dice una copla antigua, y a fe que el poeta que la compuso supo dónde tenía la mano derecha y lo que son femeniles vivezas. Y ya sabemos que

cuando dos que se quieren
se ven solitos;
se hacen unos cariños
muy rebonitos.

En la noche de mayo de que hablamos al principio, apenas acabó el galán de escalar el balcón, cuando un acceso de tos lo obligó a llevar a la boca su pañuelo de batista, retirándole al instante teñido en sangre, y cayendo desplomado en los brazos de la joven.

No es para nuestra antirromántica pluma pintar el dolor de Violante. Mal huésped es un cadáver en la habitación de una noble y reputada doncella.

La hija de Ribera el Mozo pensó, al fin, que lo primero era esconder su falta a los ojos del anciano y orgulloso padre; y dirigiéndose al cuarto de su hermano don Sebastián, entre sollozos y lágrimas, lo informó de su comprometida situación.

Don Sebastián principió por irritarse; mas, calmándose luego, se encaminó al cuarto de Violante, echó sobre sus hombros al muerto, se descolgó con él por la escala del balcón, y merced a la oscuridad, ya que en esos tiempos era difícil encontrar en la calle alma viviente después de las diez de la noche, pudo depositar el cadáver en la puerta de la Concepción, cuya fábrica estaba en ese año muy avanzada.

Vuelto a su casa, ayudó a su hermana a lavar las baldosas del balcón, para hacer desaparecer la huella de la sangre; y terminada tan conveniente faena, la dijo:

—¡Ira de Dios, hermana! Por lo pronto, solo el cielo y yo sabemos tu secreto y que has cubierto de infamia las honradas canas de Ribera el Mozo. Apréstate para encerrarte en el convento, si no quieres morir entre mis manos y llevar la desesperación al alma de nuestro padre.

En aquellos tiempos se hilaba muy delgado en asuntos de honra.

Y, en efecto, algunos días después Violante tomaba el velo de novicia de la Encarnación, única congregación de monjas que, por entonces, existía en Lima.

Y por más honrar en la persona de su hija al caballero santiagués, asistió a la ceremonia como padrino de hábito el virrey del Perú, conde de Villardompardo.

No será fuera de oportunidad apuntar aquí que, a la muerte de Ribera el Mozo, fue demolida la casa, edificándose en el terreno la famosa cárcel de la Inquisición, tribunal que hasta entonces había funcionado en la casa fronteriza a la iglesia de la Merced.

II

Echemos, lector, el obligado parrafillo histórico, ya que incidentalmente nombramos al conde Villardompardo, a quien las traviesas limeñas llamaban el Temblecón, aludiendo a la debilidad nerviosa de sus manos.

Gobierno bien fatal fue el del Excelentísimo señor don Fernando de Torres y Portugal, conde de Villardompardo, séptimo virrey del Perú por S. M. don Felipe II. Sucediendo a don Martín Enríquez, de la casa de los marqueses de Alcañices, y que antes había sido virrey de México, diríase que éste le legó también su desgracia en el mando; pues sabido es que don Martín apenas gobernó veintiún meses, si es que puede llamarse gobierno el de un hombre cuyas dolencias físicas no le permitían más que prepararse a bien morir.

En cuanto a obras públicas, parece que ambos virreyes solo proyectaron una: adoquinar la vía láctea. —El terremoto que en 1582 arruinó a Arequipa, y el que en 1585 dejó a Piura y Lima en escombros; el tercer Concilio limense presidido por el santo arzobispo Toribio de Mogrovejo, y que se disolvió con grave escándalo; los desastres de la flota que condujo quinientos treinta hombres para colonizar Magallanes y que sucumbieron todos, menos veinte, al rigor de las privaciones y del clima; los excesos en el Pacífico del pirata inglés Tomás Cavendish; una peste de viruelas que hizo millares de víctimas en el Perú; la pérdida de las sementeras, que trajo por consecuencia una carestía tal de víveres que la fanega de trigo se vendió a diez pesos; y, por fin, la nueva del destrozo sufrido por la invencible escuadra, destinada contra la reina virgen Elisabeth de Inglaterra: ved en compendio la historia de don Martín Enríquez, el Gotoso, y de su sucesor don Fernando de Torres, el Temblecón.

En los tres años de su gobierno no hizo el conde de Villardompardo sino amenguar el patronato, entrar en querellas ridículas con los inquisidores, dar pábulo a las disensiones de la Audiencia, dejar sin castigo a los defraudadores del fisco y permitir que en todas las esferas oficiales se entronizase la inmoralidad. Relevado con el segundo marqués de Cañete, retiróse el de Villardompardo a vivir en el conventillo franciscano del pueblo de la Magdalena, hasta que se le proporcionó un navío para regresar a España.

III

Ajusticiado en la plaza de Lima, en diciembre de 1554, el capitán don Francisco Hernández Girón, que había alzado bandera contra el rey, su viuda, doña Mencía de Sosa y la madre de ésta, doña Leonor Portocarrero, fundaron en 25 de marzo de 1558, y provisionalmente en la misma casa que habitaban, un monasterio en el que profesaron en breve muchas damas de la nobleza colonial. Doña Leonor fue reconocida como abadesa y doña Mencía aceptada como superiora.

La profesión de una de las hijas del mariscal Alvarado, que fue maese de campo del licenciado La Gasea en la campaña contra Gonzalo Pizarro, ocasionó un conflicto; pues realizóse con solo el permiso del arzobispo Loayza y sin anuencia del vicario provincial agustino, que se oponía porque doña Isabel y doña Inés de Alvarado, aunque hijas de hombre tan ilustre y rico, eran mestizas.

El mariscal dotaba a cada una de sus dos hijas con veinte mil pesos y ofrecía hacer testamento a favor del monasterio. Las monjas aprovecharon de un viaje al Cuzco del padre provincial para dar la profesión a doña Isabel, pues no eran para despreciadas su dote y las esperanzas de la herencia. Cuando regresó a Lima el vicario y se impuso de lo acontecido, castigó a las monjas cortándolas una manga del hábito. Todas las clases sociales se ocuparon con calor de este asunto, hasta que, aplacadas las iras del vicario, perdonó a las religiosas, devolviendo a cada una la manga de que la había despojado.

Esto influyó para que, puestas las monjas bajo la protección del arzobispo e interesándose por ellas la sociedad limeña, el virrey marqués de Salinas activase la fábrica del actual convento, al que se trasladaron las canonesas.

Los capítulos para elección de abadesa fueron siempre, hasta la época de la Independencia, muy borrascosos entre las canonesas; y por los años de 1634, siendo arzobispo de Lima el señor don Fernando de Arias Ugarte, la monja Ana María de Frías asesinó con un puñal a otra religiosa. Enviada la causa a Roma, la Congregación de cardenales condenó a la delincuente a seis años de cárcel en el monasterio, privación de voz activa y pasiva, prohibición de locutorio y ayuno todos los sábados. El vulgo dice que la monja Frías fue emparedada, lo que no es cierto, pues en el Archivo Nacional se encuentra una copia legalizada de la sentencia expedida en Roma.

Fue éste el primer monasterio que hubo en Lima; pues el de la Concepción, fundado por una cuñada del gobernador Pizarro, y los de la Trinidad, Descalzas y Santa Clara, se erigieron durante los últimos veinticinco años del siglo de la conquista. Los de Santa Catalina, el Prado, Trinitarias y el Carmen fueron establecidos en el siglo XVII, y datan desde el pasado siglo los de Nazarenas, Mercedarias, Santa Rosa y Capuchinas de Jesús y María.

Como solo las nobles y ricas descendientes de conquistadores podían ser admitidas entre las aristocráticas canonesas de la Encarnación, pronto dispuso este monasterio de crecida renta, aparte de los donativos y protección decidida que le acordaron muchos «reyes».

Volvamos a Violante de Ribera, cuya toma de hábito y profesión solemne, que para siempre la apartaba del mundo, se realiza ron con un año de intervalo en la primitiva casa de las monjas.

La tristeza dominaba el espíritu de la joven. Su corazón era de aquellos que no saben olvidar lo que amaron.

Su profunda melancolía y una llavecita de oro que pendiente de una cadenilla de plata llevaba al cuello, daban tema a las conversaciones y conjeturas de sus compañeras de claustro. Aun que monjas, no habían dejado de ser mujeres y curiosas y perdían su latín por adivinar tanto el motivo de la pena como el misterio que para ellas debía significar la cadenilla. Cansadas al fin de murmuraciones, bautizaron a Violante con el nombre de La monja de la llave.

Y así corrió otro año hasta que murió Violante, casi de una manera súbita, víctima de los sufrimientos morales que la devoraban.

Entonces las monjas desprendieron de su cuello la misteriosa llavecita de oro, que tan intrigadas las había traído, y abrieron con ella una pequeña caja de sándalo que Violante guardaba cuidadosa mente en un mueble de su celda.

La cajita de sándalo encerraba las cartas de amor y el pañuelo ensangrentado del capitán Rui Díaz de Santillana.

# El encapuchado

(Crónica de la época del décimo sexto virrey del Perú)

## I

Por el mes de noviembre del año 1651 era preciso estar curado de espanto para atreverse a pasar, después del toque, de queda, por el callejón de San Francisco. Entonces, como ahora, una de las aceras de esta calleja, larga y estrecha como la vida del pobre, la formaban casas de modesto aspecto, con fondo al río, y la fronteriza era una pared de gran altura, sin más puerta que la excusada del convento de los padres seráficos. En estos tiempos, en que no había gas ni faroles públicos, aumentaba lo —sombrío y pavoroso de la calle un nicho, que aún existe, con la imagen de la Dolorosa, alumbrado por una mortecina lamparilla de aceite.

Lo que traía aterrorizados a los vecinos era la aparición de un fantasma, vestido con el hábito de los religiosos y cubierta la faz con la capucha, lo que daba por completo semblanza de amortajado. Como el miedo es el mejor anteojo de larga vista que se conoce, contaban las comadres del barrio, a quienes la curiosidad, más poderosa en las mujeres que el terror, había hecho asomar por las rendijas de las puertas, que el encapuchado no tenía sombra, que unas veces crecía hasta perderse su cabeza en las nubes y que otras se reducía a proporciones mínimas.

Un baladrón de esos que tienen tantos jemes de lengua como pocos quilates de esfuerzo en el corazón, burlándose, en un corrillo, de brujas aparecidas y diablos coronados, dijo que él era todo un hombre que ni mandado hacer de encargo para poner el cascabel al fantasma. Y ello es que, entrada la noche, fue a la calleja y no volvió a dar cuenta de la empresa a sus camaradas que lo esperaban anhelantes. Venida la mañana, lo encontraron privado de sentido bajo el nicho de la Virgen, y vuelto en sí, juró y perjuró que el fantasma era alma en pena en toda regla.

Con esta aventura del matón, que se comía cruda la gente, imagínese el lector si el espanto tomaría creces en el supersticioso pueblo. El encapuchado fue, pues, la comidilla obligada de todas las conversaciones, la causa de los arrechuchos de todas las viejas gruñonas y el coco de todos los muchachos mal criados.

Muchas son las leyendas fantásticas que se refieren sobre Lima, incluyendo entre ellas la tan popular del coche de Zavala, vehículo que —personas de edad provecta y duros espolones nos afirman haber visto a medianoche paseando la ciudad y rodeado de llamas infernales y de demonios—. Para dar vida a tales consejas necesitaríamos poseer la robusta y galana fantasía de Hoffmann o de Edgar Poe. Nuestra pluma es humilde y se consagra solo a hechos reales e históricamente comprobados, como el actual, que ocurrió siendo décimo sexto virrey del Perú por su majestad don Felipe II el excelentísimo señor conde de Salvatierra.

## II

Don García Sarmiento de Sotomayor, conde de Salvatierra, marqués del Sobrado y caudillo mayor del reino y obispado de Jaén, fue; como virrey de México, el más poderoso auxiliar que tuvieron los jesuitas en su lucha con el esclarecido Palafox, obispo de Puebla. El rey, procediendo sagazmente, creyó oportuno separar a don García de ese gobierno, nombrándolo para Lima, donde hizo su entrada solemne, y en medio de grandes festejos el día 20 de septiembre de 1648.

En su época aconteció en Quito un robo de hostias consagradas, y el milagro de la aparición de un Niño Jesús en la custodia de la iglesia de Eten. Los jesuitas influyeron también en el Perú, como lo habían hecho en México, sobre el ánimo del anciano y achacoso virrey, que les acordó muchas gracias y protegió eficazmente en sus misiones de Maynas y del Paraguay.

Bajo este gobierno el famoso terremoto que arruinó el Cuzco. Hablando de esta catástrofe, dice Lorente «que un cura de la montaña, que regresaba a su parroquia, se halló suspendido sobre un abismo y sin acceso posible al terreno firme, y que siendo inútiles los esfuerzos por salvarle, murió de hambre a los cinco días de tan terrible agonía».

En 1659 hizo el conde de Salvatierra construir la elegante pila de bronce que existe en la Plaza mayor de Lima, sustituyendo a la que, en 1578, había hecho colocar el virrey Toledo. La actual pila costó ochenta y cinco mil pesos.

En 1655 vino el conde Alba de Liste a relevar al de Salvatierra; mas sus dolamas impidieron a éste regresar a Europa, y murió en Lima el 26 de junio de 1656.

Las armas de la casa de Sotomayor eran: escudo en plata, con tres barras de sable jaqueladas de doble barra de gules y oro.

## III

Por el año de 1648 vivía en una casa del susodicho callejón de San Francisco, vecina a la que hoy es templo masónico, un acaudalado comerciante asturiano, llamado don Gutierre de Ursán, el cual hacía dos años que había encontrado la media naranja que le faltaba en una linda chica de veinte abriles muy frescos. Llamábase Consuelo la niña, y los maldicientes decían que sabía hacer honor al nombre de pila.

Imagínense ustedes una limeñita de talle ministerial, por lo flexible; de ojos de médico, por lo matadores, y de boca de periodista, por el aplomo y gracia en el mentir. En cuanto a carácter tenía más veleidades, caprichos y engreimientos que alcalde de municipio, y sus cuentas conyugales andaban siempre más enredadas que hogaño las finanzas de la República... Lectora mía: Consuelito era una perla, no agraviando lo presente.

El bueno del don Gutierre tenía, entre otros mortalísimos pecados, los de estar enamorado de su mujer hasta más arriba de la coronilla, ser celoso como un musulmán y muy sensible en lo que atañe a la negra honrilla. Con cualidades tales, don Gutierre tenía que oler a puchero de enfermo.

En ese año de 1648 recibió cartas que lo llamaban a España para recoger una valiosa herencia, y después de confesado y comulgado, emprendió el fatigoso viaje, dejando al frente de la casa de comercio a su hermano don Iñigo de Ursán, y encomendándole muy mucho que cuidase de su honor como de cosa propia.

Nunca tal resolviera el infeliz; pero dizque es estrella de los predestinados hacer al gato despensero. Era don Iñigo mozo de treinta años, bien encarado y apuesto, y a quien algunas fáciles aventurillas con Dulcineas de medio pelo habían conquistado la fama de un Tenorio. Con este retrato dicho se está que no hubo de parecerle mal bocado la cuñadita, y que ella no gastó

45

muchos melindres para inscribir en el abultado registro de San Cornelio al que iba por esos mares rumbo a Cádiz.

Dice San Agustín, que si no fue santo entendido en la materia geográfica (pues negó la existencia de los antípodas), lo fue en achaque de hembras: «Día llegará en que los hombres tengan que trepar a los árboles huyendo de las mujeres». Demos gracias a Dios porque, salvo excepciones, la profecía no va camino de cumplirse en lo que resta de vida al siglo XIX.

## IV

En España se encontró don Gutierre, que había creído no tener más que hacer que llegar y besar, envuelto en un pleito con motivo de la herencia, y Dios sabe si habría tenido que enmohecer en la madre patria esperando la conclusión del litigio, pues segura cosa es que mientras haya sobre la tierra papel del sello, escribas y fariseos, un pleito es gasto de dinero y de tiempo y trae más desazones que un uñero en dedo gordo.

Llevaba casi dos años en España, cuando el galeón de Indias le trajo, entre otras cartas de Lima, la siguiente, en que, sobre poco más o menos, le decía un amigo de esos que son siempre solícitos para dar malas nuevas:

Señor don Gutierre de Ursán. Muy señor mío y mi dueño: Malhadada suerte es que, tratándose de tan cumplido caballero como vuesa merced, todos se hagan en Lima lenguas de lo mal guardado que anda su honor y murmuren sobre si le apunta o no le apunta hueso de más en la frente. Con este aviso, vuesa merced hará lo que mejor estime para su desagravio, que yo cumplo como amigo con poner en su noticia lo antedicho, añadiéndole que es su mismo hermano quien tan felonamente lo ultraja. Que Dios Nuestro Señor dé a vuesa merced fortaleza para echar un remiendo en la honra, y mande con imperio en su amigo, servidor y capellán, Q.B.S.M.,

Críspulo Quinconces.

No era don Gutierre de la pasta de aquel marido cuyo sueño interrumpió un oficioso para darle esta nueva: —A tu mujer se la ha llevado fulano.

—¡Pues buena plepa se lleva! —contestó el paciente, se volvió al otro lado del lecho y siguió roncando como un bendito.

## V

El 8 de diciembre de 1658 era el cumpleaños de Consuelo, y por tal causa celebrábase en la casa del callejón de San Francisco un festín de familia, en el que lucían la clásica empanada, la sopa teóloga con menudillos, la sabrosa carapulera y el obligado pavo relleno, y para remojar la palabra, el turbulento motocachi y el retinto de Cataluña: Los banquetes de esos siglos era de cosa sólida y que se pega al riñón, y no de puro soplillo y oropel, como los de los civilizados tiempos que alcanzamos. Verdad es que antaño era más frecuente morir de un hartazgo apoplético.

Por miedo al fantasma encapuchado, las casas de ese barrio se cerraban a tranco y cerrojo con el último rayo del crepúsculo vespertino. ¡Tonterías humanas! Las buenas gentes no sospechaban que las almas del otro mundo, en su condición de espíritus, tienen carta blanca para colarse, como un vientecillo, por el ojo de la llave; Los amigos y deudos de Consuelo estaban en el salón con una copa más de las precisas en el cuerpo, cuando la primera campanada de las nueve, sin que atinasen cómo ni por dónde había entrado, se apareció el encapuchado.

Que el espanto hizo a todos dar diente con diente es cosa que de suyo se deja adivinar. Los hombres juzgaron oportuno eclipsarse, y las faldas no tuvieron otro recurso que el tan manoseado de cerrar los ojos y desmayarse, y ¡voto a bríos, baco balillo!, que razón había harta para tamaña confusión. ¿Quién es el guapo que se atreve a resollar fuerte en presencia de un ánima del purgatorio?

Cuando, pasada la primera impresión, regresaron algunos de los hombres y resucitaron las damas, vieron en medio del salón los cadáveres de Iñigo y de Consuelo. El encapuchado los había herido en el corazón con un puñal.

## VI

Don Gutierre, después de haber lavado con sangre la mancha de su honor, se presentó preso ante el alcalde del crimen, y en el juicio probó la criminal conducta del traidor hermano y de la liviana esposa. La justicia lo sentenció a dar mil pesos de limosna al convento de la Orden, por haberse servido del hábito seráfico para asegurar su venganza y esparcido el terror en el asustadizo vecindario. Todo es ventura —dice el refrán— salir a la calle sano y volver rota la mano.

Satisfecha la multa, don Gutierre se embarcó para España, y los vecinos del callejón de San Francisco, donde desde 1848 funciona el Gran Oriente de la masonería peruana, no volvieron a creer en duendes ni encapuchados.

## «¡Beba, padre, que le da la vida!»

(Crónica de la época de mando de una virreina)
Dama de mucho cascabel y de más temple que el acero toledano fue doña Ana de Borja, condesa de Lemos y virreina del Perú. Por tal la tuvo S. M, doña María Ana de Austria, que gobernaba la monarquía española durante la minoría de Carlos II; pues al nombrar virrey del Perú al marido, lo proveyó de real cédula, autorizándolo para que, en caso de que el mejor servicio del reino le obligase a abandonar Lima, pusiese las riendas del gobierno en manos de su consorte.

En tal conformidad, cuando su excelencia creyó indispensable ir en persona a apaciguar las turbulencias de Laycacota, ahorcando al rico minero Salcedo, quedó doña Ana en esta ciudad de los reyes presidiendo la Audiencia, y su gobierno duró desde junio de 1668 hasta abril del año siguiente.

El conde de Bornos decía que la mujer de más ciencia solo es apta para gobernar doce gallinas y un gallo. ¡Disparate! Tal afirmación no puede rezar con doña Apa de Borja y Aragón, que, como ustedes verán, fue una de las infinitas excepciones de la regla. Mujeres conozco yo capaces de gobernar veinticuatro gallinas... y hasta dos gallos... Así como suena, y mal que nos pese a los peruleros, hemos sido durante diez meses gobernados por una mujer..., y francamente que con ella no nos fue del todo mal, porque el pandero estuvo en manos que lo sabían hacer sonar.

Y para que ustedes no digan que por mentir no pagan los cronistas alcabala, y que los obligo a que me crean bajo la fe de mi honrada palabra, copiaré lo que sobre el particular escribe el erudito señor de Mendiburu en su Diccionario histórico:

Al emprender su viaje a Puno el conde de Lemos, encomendó el gobierno del reino a doña Ana, su mujer, quien lo ejerció durante su ausencia, resolviendo todos los asuntos, sin que nadie hiciese la menor observación, principiando por la Audiencia, que reconocía su autoridad. Tenemos en nuestro poder un despacho de la virreina, nombrando un empleado del tribunal de Cuentas, y está encabezado como sigue: «Don Pedro Fernández de Castro y Andrade, conde de Lemos, y doña Ana de Borja, su mujer, condesa de Lemos, en virtud de la facultad que tiene para el gobierno de estos reinos, atendiendo a lo que representa el tribunal, he venido en nombrar y nombro de muy buena gana, etc., etc.»

Otro comprobante. En la colección de Documentos históricos, de Odriozola, se encuentra una provisión de la virreina, disponiendo aprestos marítimos contra los piratas.

Era doña Ana, en su época de mando, dama de veintinueve años, de gallardo cuerpo; aunque de rostro poco agraciado. Vestía con esplendidez y nunca se la vio en público sino cubierta de brillantes. De su carácter dicen que era en extremo soberbio y dominador, y que vivía muy infatuada con su abalorio y pergaminos.

¡Si sería chichirinada la vanidad de quien, como ella, contaba entre los santos de la corte celestial nada menos que a su abuelo Francisco de Borja!

Las picarescas limeñas, que tanto quisieron a doña Teresa de Castro, la mujer del virrey don García, no vieron nunca de buen ojo a la condesa de Lemos, y la bautizaron con el apodo de la Patona. Presumo que la virreina sería mujer de mucha base.

Entrando ahora en la tradición, cuéntase de la tal doña Ana algo que no se le habría ocurrido al ingenio del más bragado gobernante, y que prueba, en sustancia, cuán grande es la astucia femenina y que, cuando la mujer se mete en política o en cosas de hombre, sabe dejar bien puesto su pabellón.

Entre los pasajeros que en 1668 trajo al Callao el galeón de Cádiz, vino un fraile portugués de la orden de San Jerónimo.

Llamábase el padre Núñez. Era su paternidad un hombrecito regordete, ancho de espaldas, barrigudo, cuellicorto, de ojos abotagados, y de nariz roma y rubicunda. Imagínate, lector, un candidato para una apoplejía fulminante, y tendrás cabal retrato del jeronimita.

Apenas llegado éste a Lima, recibió la virreina un anónimo en que la denunciaban que el fraile no era tal fraile, sino espía o comisionado secreto de Portugal, quien, para el mejor logro de alguna maquinación política, se presentaba disfrazado con el santo hábito.

La virreina convocó a los oidores y sometió a su acuerdo la denuncia. Sus señorías opinaron porque, inmediatamente y sin muchas contemplaciones, se echase guante al padre Núñez y se le ahorcase *coram populo*. ¡Ya se ve! En esos tiempos no estaban de moda las garantías individuales ni otras candideces de la laya que hogaño se estilan, y que así garantizan al prójimo que cae debajo, como una cota de seda de un garrotazo en la espalda.

La sagaz virreina se resistió a llevar las cosas al estricote, y viniéndosele a las mientes algo que narra Garcilaso de Francisco de Carbajal, dijo a sus compañeros de Audiencia:

—Déjenlo vueseñorías por mi cuenta, que, sin necesidad de ruido ni de tomar el negocio por donde quema, yo sabré descubrir si es fraile o monago; que el hábito no hace al monje, sino el monje al hábito. Y si resulta preste tonsurado por barbero y no por obispo, entonces sin más kiries ni letanías llamamos a Gonzalvillo para que le cuelgue por el pescuezo en la horca de la plaza.

Este Gonzalvillo, negro retinto y feo como un demonio, era el verdugo titular de Lima.

Aquel mismo día la virreina comisionó a su mayordomo para que invitase al padre Núñez a hacer penitencia en palacio.

Los tres oidores acompañaban a la noble dama en la mesa, y en el jardín esperaba órdenes el terrible Gonzalvillo.

La mesa estaba opíparamente servida, no con esas golosinas que hoy se usan y que son como manjar de monja, soplillo y poca sustancia, sino con cosas suculentas, sólidas y que se pegan al riñón. La fruta de corral, pavo, gallina y hasta chancho enrollado, lucía con profusión.

El padre Núñez no comía..., devoraba. Hizo cumplido honor a todos los platos.

—¡Bien engulle! Fraile es.

La virreina guiñaba el ojo a los oidores como diciéndoles:

Sin saberlo, el padre Núñez había salido bien de la prueba.

Faltábale otra.

La cocina española es cargada de especias, que naturalmente despiertan la sed.

Moda era poner en la mesa grandes vasijas de barro de Guadalajara, que tienen la propiedad de conservar más fresca el agua, prestándola muy agradable sabor.

Después de consumir, como postres, una muy competente ración de alfajores, pastas y dulces de las monjas, no pudo el comensal dejar de sentir imperiosa necesidad de beber; que seca garganta, ni gruñe ni canta.

—¡Aquí te quiero ver, escopeta! —murmuró la condesa.

Esta era la prueba decisiva que ella esperaba. Si su convidado no era lo que por el traje revelaba ser, bebería con la pulcritud que no se acostumbra en el refectorio.

El fraile tomó con ambas manos el pesado cántaro de Guadalajara, lo alzó casi a la altura de la cabeza, recostó ésta en el respaldo de la silla, echóse a la cara el porrón y empezó a despacharse a su gusto.

La virreina, viendo que aquella sed era como la de un arenal y muy frailuno el modo de apaciguarla, le dijo sonriendo:

—¡Beba, padre, beba, que le da la vida!

Y el fraile, tomando el consejo como amistoso interés por su salud, no despegó la boca del porrón hasta que lo dejó sin gota. Enseguida su paternidad se pasó la mano por la frente para limpiarse el sudor que le corría a chorros, y echó por la boca un regüeldo que imitaba el bufido de una ballena arponada.

Doña Ana se levantó de la mesa y salióse al balcón seguida de los oidores:

—¿Qué opinan vueseñorías?

—Señora, que es fraile y de campanillas —contestaron a una los interpelados.

—Así lo creo en Dios y en mi ánima. Que se, vaya en paz el bendito sacerdote.

¡Ahora digan ustedes si no fue mucho hombre la mujer que gobernó el Perú!

## La fundación de Santa Liberata

(Crónica de la época del vigésimo quinto virrey del Perú)

**I**

Como fruto de una de las calaveradas de la mocedad del conde de Cartago, vino al mundo un mancebo, conocido con el nombre de Hernando Hurtado de Chávez. El noble conde pasaba una modesta pensión a la madre, encargándola diese buen ejemplo al rapaz y cuidase de educarlo. Pero Fernandico era el mismo pie de Judas. Travieso, enredador y camorrista; más que en la escuela, se le encontraba, con otros pillastres de su edad, haciendo novillos por las huertas y murallas. Ni el látigo ni la palmeta, atributos indispensables del dómine de esos tiempos, podían moderar los malos instintos del muchacho.

Así creciendo, cumplió Fernando veinte años, y muerto el conde y valetudinaria la madre, hízose el mozo un dechado de todos los vicios. No hubo garito de que no fuese parroquiano, ni hembra de tumbo y trueno con quien no se tratase tú por tú. Fernando era lo que se llama un pie útil para una francachela. Tañía el arpa como el mismísimo rey David, punteaba la guitarra de lo lindo, cantaba el pollito y el agua rica, trovos muy a la moda entonces, con más salero que los comediantes de la tonadilla, y para bailar el punto y las mollares tenía un aquel y una desvergüenza que pasaban de castaño claro. En cuanto a empinar el codo, frecuentaba las ermitas de Baco y bebía el zumo de parra con más ardor que los campos la lluvia del cielo; y en materia de tirarse de puñaladas, hasta con el gallo de la Pasión, si le quiquiriqueaba recio, nada tenía que aprender del mejor baratero de Andalucía.

Retratado el protagonista, entremos sin más dibujos en la tradición.

**II**

Un velo fúnebre parecía extenderse sobre la festiva ciudad de los reyes en los días 31 de enero y 1.º de febrero del año 1711. Las campanas tocaban rogativas, y grupos de pueblo cruzaban las calles siguiendo a algún sacerdote que, crucifijo en mano, recitaba salmos y preces. Y como si el cielo participara de la tristeza pública, negras nubes se cernían en el espacio.

Sepamos lo que traía tan impresionados los espíritus.

A las diez de la mañana del 20 de enero, un joven se presentó al cura del Sagrario pidiendo se le permitiese buscar una partida de bautismo en los libros parroquiales. El buen cura, engañado por las decentes apariencias del peticionario, no puso obstáculo y lo dejó solo en el bautisterio.

Cuando nuestro hombre se persuadió de que no sería interrumpido, se dirigió resueltamente al altar mayor y se metió con presteza en el bolsillo un grueso copón de oro, en el que se hallaban ciento cincuenta y tres hostias consagradas. Enseguida salió del templo y con paso tranquilo se encaminó a la Alameda. En el tránsito encontró a dos o tres amigos que le preguntaron qué bulto llevaba en el bolsillo, y él contestó con aplomo «que era un almirez que había comprado de lance».

Hasta la mañana del 31, en que hubo necesidad de administrar el viático a un moribundo, no se descubrió la sustracción de la píxide. De imaginarse es la agitación que se apoderaría del católico pueblo; y el testimonio del párroco hizo recaer en Fernando de Chávez la sospecha de que él, y no otro, era el sacrílego ladrón.

Fernando anduvo a salto de mata, pues su excelencia, el obispo don Diego Ladrón de Guevara, virrey del Perú, echó tras el criminal toda una jauría de alguaciles, oficiales y oficiosos.

## III

El ilustrísimo señor don Diego Ladrón de Guevara, de la casa y familia de los duques del Infantado, obispo de Quito y que antes lo había sido de Panamá y Guamanga, estaba designado por Felipe V en tercer lugar para gobernar el Perú en caso de fallecer el virrey marqués de Castell-dos-Ríus. Cuando murió éste, en 1710, habían también pasado a mejor vida los otros dos personajes de la terna. Al poco tiempo de ejercer el mando el ilustrísimo Ladrón de Guevara se recibió en Lima la noticia del triunfo de Villaviciosa, que consolidó en España a Felipe V y la dinastía borbónica. Entre las fiestas con que la ciudad de los reyes celebró la nueva, fue la más notable la representación, en una sala de palacio, convertida en teatro, de la comedia en verso *Triunfos de amor y poder*, escrita por el poeta limeño Peralta.

El virrey obispo logró ahuyentar de la costa a un pirata inglés que había apresado tres buques mercantes, y comisionó al marqués de Villar del Tajo para que destruyese a los negros cimarrones, que, enseñoreados de los montes de Huachipa, habían establecido en ellos fortificaciones y osado presentar batalla a las tropas reales.

A ejemplo de su antecesor el virrey literato, acordó el obispo gran protección a la Universidad de San Marcos, y más que de enviar gruesos contingentes de dinero a la corona, cuidó de que los fondos públicos se gastasen en el Perú en templos, puentes y caminos. Un virrey que no mandaba millones a España no servía para el cargo. Esto y el haber colocado las regalías de la iglesia antes que las del soberano, fueron motivos para que en 1716, se le reemplazase con el príncipe de Santo Buono.

Regresando para España, llamado por el rey, que le excusaba así el rubor de volver a Quito, como dice el cronista Alcedo, quiso el obispo visitar el reino de México, en cuya capital murió el 19 de noviembre de 1718.

## IV

Las diez de la noche del 1 de febrero acababan de sonar en el reloj de la Compañía, cuando el catalán Jaime Albites, preparándose a cerrar su pulpería, situada en las esquinas de las calles de Puno y de la Concepción, vio pasar un hombre cuyo rostro iba casi cubierto por las anchas alas de un chambergo. Pocos pasos había éste avanzado, cuando el pulpero echó a gritar desaforadamente:

—¡Vecinos! ¡Vecinos! ¡Ahí va el ladrón del Sagrario!

Como por arte de encantamiento se abrieron puertas, y la calle se vio en un minuto cubierta de gente. El ladrón emprendió la carrera; mas una mujer le acertó con una pedrada en las piernas, a la vez que un carpintero de la vecindad le arrimaba un trancazo contundente. Cayó sobre él la turba, y acaso habría tenido lugar un gutierricidio o acto de justicia popular, como llamamos nosotros los republicanos prácticos a ciertas barbaridades, si el escribano Nicolás de Figueroa y Juan de Gadea, boticario del hospital de la Caridad, sujetos que gozaban de predicamento en el pueblo, no lo hubieran impedido, diciendo:

—Si ustedes matan a este hombre, nos quedaremos sin saber dónde tiene escondido a Nuestro Amo.

A este tiempo asomó una patrulla y dio con el criminal en la cárcel de corte.

Allí declaró que su sacrílego robo no le había producido más que cuatro reales, en que vendió la crucecita de oro que coronaba el copón; y que horrorizado de su crimen y asustado por la persecución, había escondido la píxide en el altar de la sacristía de San Francisco, donde, en efecto, se encontró.

En cuanto a las sagradas formas, confesó que las había enterrado, envueltas en un papel, al pie de un árbol, en la Alameda de los Descalzos.

En la mañana del 2 de febrero hízose entrar al reo en una calesa, con las cortinillas corridas, y con gran séquito de oidores, canónigos, cabildantes y pueblo se le condujo a la Alameda. La turbación de Fernando era tanta, que le fue imposible determinar a punto fijo el árbol, y ya comenzaba el cortejo a desesperar cuando un negrito de ocho años de edad, llamado Tomás Moya, dijo:

—Bajo este naranjo vi el otro día a ese hombre, y me tiró de piedras para que no me impusiera de lo que hacía.

Las divinas formas fueron encontradas, y al negrito, que era esclavo, se le recompensó, pagando el Cabildo cuatrocientos pesos por su libertad.

Describir la alegría de la población, los repiques, luminarias y fiestas religiosas y profanas, es tarea superior a nuestras fuerzas. Publicaciones hay de esa época, como la Imagen política, de Peralta, a las que remitimos al lector cuya curiosidad sea muy exigente.

El virrey obispo, en solemne procesión, condujo las hostias a la Catedral. Se quitó el velo morado que cubría el altar mayor y desaparecieron de las torres e iglesias los crespones que las enlutaban.

La hierba y tierra próximas al naranjo fueron puestas en fuentes de plata y repartidas, como reliquias, en los monasterios y entre las personas notables.

El 10 de mayo fue trasladado. Fernando a las cárceles de la Inquisición. Dicen que se le condenó a ser quemado vivo; pero en ninguno de los documentos que conocemos del Santo Oficio de Lima hemos podido hallar noticia del auto de fe.

El vecindario contribuyó a porfía para la inmediata erección de una capilla, de cuarenta y cuatro varas de largo por doce de ancho, en el sitio donde se encontraron las formas. El altar mayor, dice un cronista, formado en esqueleto, permite transitar, por su parte interior, hasta el sitio donde estuvieron enterradas las hostias.

Tal es la historia de la fundación de la iglesia de Santa Liberata, junto a la que los padres crucíferos de San Camilo establecieron en 1754 un conventillo. Fronterizo a éste se encuentra el beaterio del Patrocinio, fundado en 1688 para beatas dominicas, y en el mismo sitio en que el santo fray Juan Macías pastaba marranos y ovejas antes de vestir hábito.

## Muerta en vida

(Crónica de la época del vigésimo sexto y vigésimo séptimo virreyes)

### I

Laura Venegas era bella como un sueño de amor en la primavera de la vida. Tenía por padre a don Egas de Venegas, garnacha de la Real Audiencia de Lima, viejo más seco que un arenal, hinchado de prosopopeya y que nunca volvió atrás de lo que una vez pensara. Pertenecía a la secta de los infalibles, que, de paso sea dicho, son los más propensos a engañarse.

Con padre tal, Laura no podía ser dichosa. La pobre niña amaba locamente a un joven médico español llamado don Enrique de Padilla, el cual, desesperado de no alcanzar el consentimiento del viejo, había puesto mar de por medio y marchado a Chile. La resistencia del golilla, hombre de voluntad de hierro, nacía de su decisión por unir los veinte abriles de Laura con los cincuenta octubres de un compañero de oficio. En vano Laura, agotando el raudal de sus lágrimas, decía a su padre que ella no amaba al que la deparaba por esposo.

—¡Melindres de muchachas! —le contestaba el flemático padre—. El amor se cría.

¡El amor se cría! Palabras que envenenaron muchas almas, dando vida más tarde al remordimiento. La casta virgen, fiada en ellas, se dejaba conducir al altar, y nunca sentía brotar en su espíritu el amor prometido.

¡El amor se cría! Frase inmoral que servía de sinapismo para debilitar los latidos del corazón de la mujer, frase típica que pinta por completo el despotismo en la familia.

En aquellos siglos había dos expedientes soberanos para hacer entrar en vereda a las hijas y a las esclavas.

¿Era una esclava ligera de cascos o se espontaneaba sobre algún chichisbeo de su ama? Pues la panadería de don Jaime, el catalán, o de cualquier otro desalmado, no estaba lejos, y la infeliz criada pasaba por allí semanas o meses sufriendo azotaina diaria, cuaresmal ayuno, trabajo crecido y todos los riesgos del más bárbaro tratamiento. Y cuenta que esos siglos no fueron librepensadores, como el actual, sino siglos cristianos, de evangélico ascetismo y suntuosas procesiones; siglos, en fin, de fundaciones monásticas, de santo y de milagro.

Para las hijas desobedientes al paternal precepto se abrían las puertas de un monasterio. Como se ve, el expediente era casi tan blando como el de la panadería.

Laura, obstinada en no arrojar de su alma el recuerdo de Enrique, prefirió tomar el velo de novicia en el convento de Santa Clara; y un año después pronunció los solemnes votos, ceremonia que solemnizaron con su presencia los cabildantes y oidores, presididos por el virrey, recién llegado entonces a Lima.

## II

Don Carmine Nicolás Caracciolo, grande de España, príncipe deSanto Buono, duque de Castel de Sangro, marqués de Buquianico, conde de Esquiabi, de Santobido y de Capracota, barón de Monteferráto, señor de Nalbelti, Frainenefrica, Gradinarca y Castelnovo, recibió el mando del Perú de manos del obispo de la Plata don fray Diego Morcillo Rubio de Auñón, que había sido virrey interino desde el 15 de agosto hasta el 3 de octubre de 1716.

Para celebrar su recepción, Peralta, el poeta de la Lima fundada, publicó un panegírico del virrey napolitano, y Bermúdez de la Torre, otro titulado *El Sol en el zodíaco*. Ambos libros son un hacinamiento de conceptos extravagantes y de lisonjas cortesanas en estilo gongorino y campanudo.

De un virrey que, como el excelentísimo señor don Carmine Nicolás Caracciolo, necesitaba un carromato para cargar sus títulos y pergaminos, apenas hay huella en la historia del Perú. Solo se sabe de su gobierno que fue impotente para poner diques al contrabando, que los misioneros hicieron grandes conquistas en las montañas, y que en esa época se fundó el colegio de Ocopa.

Los tres años y tres meses del mando del príncipe de Santo Buono se hicieron memorables por una epidemia que devastó el país, excediendo de sesenta mil el número de víctimas en la raza indígena.

Fue bajo el gobierno de este virrey cuando se recibió una real cédula prohibiendo carimbar a los negros esclavos. Llamábase carimba cierta marca que con hierro hecho ascua ponían los amos en la piel de esos infelices.

Solicitó entonces el virrey la abolición de la mita; pues muchos encomenderos habían llevado el abuso hasta el punto de levantar horca y amenazar con ella a los indios mitayos; pero el monarca dio carpetazo a la bien intencionada solicitud del príncipe de Santo Buono.

Ninguna obra pública, ningún progreso, ningún bien tangible ilustran la época de un virrey de tantos títulos.

Una tragedia horrible —dice Lorente— impresionó por entonces a la piadosa ciudad de los reyes. Encontróse ahorcado de una ventana a un infeliz chileno, y en su habitación una especie de testamento, hecho la víspera del suicidio, en el que dejaba su alma al diablo si conseguía dar muerte a su mujer y a un fraile de quien ésta era barragana. Cinco días después fueron hallados, en un callejón, los cadáveres putrefactos de la adúltera y de su cómplice.

El 15 de agosto de 1719, pocos minutos antes de las doce del día, se oscureció de tal manera el cielo que hubo necesidad de encender luces en las casas. Fue éste el segundo eclipse total de Sol experimentado en Lima después de la conquista, y dio motivo para procesión de penitencia y rogativas.

El mismo fray Diego Morcillo, elevado ya a La dignidad de arzobispo de Lima, fue nombrado por Felipe V virrey en propiedad, y reemplazó al finchado príncipe de Santo Buono en 16 de enero de 1720. Del Virrey arzobispo decía la murmuración que a fuerza de oro compró el nombramiento de virrey: tanto le había halagado el mando en los cincuenta días de su interinato. Lo más notable que ocurrió en los cuatro años que gobernó el mitrado fue que principiaron los disturbios del Paraguay entre los jesuitas y Antequera, y que el pirata inglés Juan Cliperton apresó el galeón en que venía de Panamá el marqués de Villacocha con su familia.

### III

Y así como así, transcurrieron dos años, y sor. Laura llevaba con resignación la clausura.

Una tarde hallábase nuestra monja acompañando en la portería a una anciana religiosa, que ejercía las funciones de tornera, cuando se presentó el nuevo médico nombrado para asistir a las enfermas del monasterio.

Por entonces, cada convento tenía un crecido número de moradoras, entre religiosas, educandas y sirvientas: y el de Santa Clara, tanto por espíritu de moda cuanto por la gran área que ocupaba, era el más poblado de Lima.

Fundado este convento por Santo Toribio, se inauguró el 4 de enero de 1606; y a los ocho años de su fundación —dice un cronista— contaba con ciento cincuenta monjas de velo negro y treinta y cinco de velo blanco, número que fue, a la vez que las rentas, aumentándose hasta el de cuatrocientas de ambas clases.

Las dos monjas, al anuncio del médico, se cubrieron el rostro con el velo; la portera le dio la entrada, y la más anciana, haciendo oír el metálico sonido de una campanilla de plata, precedía en el claustro al representante de Hipócrates.

Llegaron a la celda de la enferma, y allí sor Laura, no pudiendo sofocar por más tiempo sus emociones, cayó sin sentido. Desde el primer momento había reconocido en el nuevo médico a su Enrique. Una fiebre nerviosa se apoderó de ella, poniendo en peligro su vida y haciendo precisa la frecuente presencia del médico.

Una noche, después de las doce, dos hombres escalaban cautelosamente una tapia del convento, conduciendo un pesado bulto, y poco después ayudaban a descender a una mujer.

El bulto era un cadáver robado del hospital de Santa Ana. Media hora más tarde, las campanas del monasterio se echaban a vuelo anunciando incendio en el claustro. La celda de sor Laura era presa de las llamas.

Dominado el incendio, se encontró sobre el lecho un cadáver completamente carbonizado.

Al siguiente día, y después del ceremonial religioso, se sepultaba en el panteón del monasterio a la que fue en el siglo Laura Venegas. ¿Y... y?

¡Aleluya! ¡Aleluya! Sacristán de mi vida, toda soy tuya.

IV

Pocos meses después, Enrique, acompañado de una bellísima joven, a la que llamaba su esposa, fijó su residencia en una ciudad de chile.
¿Ahogaron sus remordimientos? ¿Fueron felices? Puntos son éstos que no incumbe al cronista averiguar.

**Lucas el sacrílego**

(Crónica de la época del vigésimo nono virrey del Perú).

**I**

El que hubiera pasado por la plazuela de San Agustín a hora de las once de la noche del 22 de octubre de 1743, habría visto un bulto sobre la cornisa de la fachada del templo, esforzándose a penetrar en él por una estrecha claraboya. Grandes pruebas de agilidad y equilibrio tuvo sin duda que realizar el escalador hasta encaramarse sobre la cornisa, y el cristiano que lo hubiera contemplado habría tenido que santiguarse tomándolo por el enemigo malo o por duende cuando menos. Y no se olvide que, por aquellos tiempos, era de pública voz y fama que, en ciertas noches, la plazuela de San Agustín era invadida por una procesión de ánimas del purgatorio con cirio en mano. Yo ni quito ni pongo; pero sospecho que con la República y el gas les hemos metido el resuello a las ánimas benditas, que se están muy mohínas y quietas en el siglo donde a su Divina Majestad plugo ponerlas.

El atrio de la iglesia no tenía por entonces la magnífica verja de hierro que hoy la adorna, y la policía nocturna de la ciudad estaba en abandono tal, que era asaz difícil encontrar una ronda. Los buenos habitantes de Lima se encerraban en casita a las diez de la noche, después de apagar el farol de la puerta, y la población quedaba sumergida en plena tiniebla, con gran contentamiento de gatos y lechuzas, de los devotos de la hacienda ajena y de la gente dada a amorosas empresas.

El avisado lector, que no puede creer en duendes ni en demonios coronados, y que, como es de moda en estos tiempos de civilización, acaso no cree ni en Dios, habrá sospechado que es un ladrón el que se introduce por la claraboya de la iglesia. Piensa mal y acertarás.

En efecto. Nuestro hombre, con auxilio de una cuerda, se descolgó al templo, y con paso resuelto se dirigió al altar mayor.

Yo no sé, lector, si en alguna ocasión te has encontrado de noche en un vasto templo, sin más luz que la que despiden algunas lamparillas colocadas al pie de las efigies, y sintiendo el vuelo y el graznar fatídico de esas aves que anidan en las torres y bóvedas. De mí sé decir que nada ha producido en mi espíritu una impresión más sombría y solemne a la vez, y que por ello tengo a los sacristanes y monaguillos en opinión, no diré de santos, sino de ser los hombres de más hígados de la cristiandad. ¡Me río yo de los bravos de la Independencia!

Llegado nuestro hombre al sagrario, abrió el recamarín, sacó la Custodia, envolvió en su pañuelo la Hostia divina, dejándola sobre el altar, y salió del templo por la misma claraboya que le había dado entrada.

Solo dos días después, en la mañana del sábado 25, cuando debía hacerse la renovación de la Forma, vino a descubrirse el robo. Había desaparecido el Sol de oro, evaluado en más de cuarenta mil pesos, y cuyas ricas perlas, rubíes, brillantes, zafiros, ópalos y esmeraldas eran obsequio de las principales familias de Lima. Aunque el pedestal era también de oro y admirable como obra de arte, no despertó la codicia del ladrón.

Fácil es imaginarse la conmoción que este sacrilegio causaría en el devoto pueblo. Según refiere el erudito escritor del *Diario de Lima*, en los números 4 y 5 de octubre de 1791, hubo procesión de penitencia, sermón sobre el texto de David: Exurge, Domine et judica causam tuam, constantes rogativas, pasión de legos y sacristanes, y carteles fijando premios para quien denunciase al ladrón. Se cerraron los coliseos, y el duelo fue general cuando, corriendo los días sin descubrirse al delincuente, recurrió la autoridad eclesiástica al tremendo resorte de leer censuras y apagar candelas.

Por su parte, el marqués de Villagarcía, virrey del Perú, había llenado su deber, dictando todas las providencias que en su arbitrio estaban para capturar al sacrílego. Los expresos a los corregidores y demás autoridades del virreinato se sucedieron sin tregua, hasta que a fines de noviembre llegó a Lima un alguacil del intendente de Huancavelica, don Jerónimo Solá, ex consejero de Indias, con pliegos en los que éste comunicaba a su excelencia que el ladrón se hallaba aposentado en la cárcel y con su respectivo par de calcetas de Vizcaya. Bien dice el refrán que entre bonete y almete se hacen cosas de copete.

Las campanas se echaron a vuelo, el teatro volvió a funcionar, los vecinos abandonaron el luto y Lima se entregó a fiestas y regocijos.

II

Ciñéndonos al plan que hemos seguido en las Tradiciones, viene aquí a cuento una rápida reseña histórica de la época de mandato del excelentísimo señor don José de Mendoza Caamaño y Sotomayor, marqués de Villagarcía, de Monroy y de Cusano, conde de Barrantes y señor de Vista Alegre, Rubianes y Villanueva, vigésimo nono virrey del Perú por su majestad don Felipe V, y que, a la edad de sesenta años, se hizo cargo del gobierno de estos reinos, en 4 de enero de 1736.

El marqués de Villagarcía se resistió mucho a aceptar el virreinato del Perú, y persuadiéndolo uno de los ministros del rey para que no rechazase lo que tantos codiciaban, dijo:

—Señor, vuesaseñoría me ponga a los pies de Su Majestad, a quien venero como es justo y de ley, y represéntele que haciendo cuentas conmigo mismo, he hallado que me conviene más vivir pobre hidalgo que morir rico virrey.

El soberano encontró sin fundamento la excusa, y el nombra do tuvo que embarcarse para América.

Sucediendo al enérgico marqués de Castelfuerte, la ley de las compensaciones exigía del nuevo virrey una política menos severa. Así, a fuerza de sagacidad y moderación, pudo el de Villagarcía impedir que tomase incremento las turbulencias de Oruro y mantener a raya al cuzqueño Juan Santos, que se había proclamado Inca.

No fue tan feliz con los almirantes ingleses Vemon y Jorge Andson, que con sus piraterías alarmaban la costa. Haciendo grandes esfuerzos e imponiendo una contribución al comercio, logró el virrey alistar una escuadra, cuyo jefe evitó siempre poner sus naves al alcance de los cañones ingleses, dando lugar a que Andson apresara al galeón de Manila, que llevaba un cargamento valuado en más de tres millones de pesos.

Bajo su gobierno fue cuando el mineral de Cerro de Paseo principió a adquirir la importancia de que hoy goza, y entre otros sucesos curiosos de su época merecen consignarse la aurora boreal que se vio una noche en el Cuzco, y la muerte que dieron los fanáticos habitantes de Cuenca al cirujano de la expedición científica que a las órdenes del sabio La Condamine visitó la América. Los sencillos naturales pensaron, al ver unos extranjeros examinando el cielo con grandes telescopios, que esos hombres se ocupaban de hechicerías y malas artes.

A propósito de la venida de la comisión científica, leemos en un precioso manuscrito que existe en la Biblioteca de Lima, titulado *Viaje al globo de la Luna*, que el pueblo limeño bautizó a los ilustres marineros españoles don Jorge Juan y don Antonio de Ulloa y a los sabios franceses Gaudin y La Condamine con el sobrenombre de los caballeros del punto fijo, aludiendo a que se proponían determinar con fijeza la magnitud y figura de la tierra. Un pedante, creyendo que los cuatro comisionados tenían facultad para alejar de Lima cuanto quisiesen la línea equinoccial, e echó a murmurar entre el pueblo ignorante contra el virrey marqués de Villagarcía, acusándolo de tacaño y menguado; pues por ahorrar un gasto de quince o veinte mil pesos que pudiera costar la obra, consentía en que la línea equinoccial se quedase como se estaba y los vecinos expuestos a sufrir los recios calores del verano. Trabajillo parece que costó convencer al populacho de que aquel charlatán ensartaba disparates. Así lo refiere el autor anónimo del ya citado manuscrito.

Después de nueve años y medio de gobierno, y cuando menos lo esperaba, fue el virrey desairosamente relevado con el futuro conde de Superunda, en julio de 1745. Este agravio afectó tanto al anciano marqués de Villagarcía, que regresando para España a bordo del navío Héctor, murió en el mar, en la costa patagónica, en diciembre del mismo año.

## III

Lucas de Valladolid era un mestizo, de la ciudad de Huamanga, que ejercía en Lima el oficio de platero. Obra de sus manos eran las mejores alhajas que a la sazón se fabricaban. Pero el maestro Lucas picaba de generoso y en juego, el vino y las mozas de partido derrochaba sus ganancias.

Los padres agustinos le dispensaban gran consideración, y el maestro Lucas era uno de sus obligados comensales en los días de mantel largo. Nuestro platero conocía, pues, a palmos el convento y la iglesia, circunstancia que le sirvió para realizar el robo de la Custodia, tal como lo dejamos referido.

Dueño de tan valiosa prenda, se dirigió con ella a su casa, desarmó el Sol, fundió el oro y engarzó en anillos algunas piedras.

Viendo la excitación que su crimen había producido, se resolvió a abandonar la ciudad y emprendió viaje a Huancavelica, enterrando antes en la falda de San Cristóbal una parte de su riqueza.

La esposa del intendente Solá era limeña, y a ésta se presentó el maestro Lucas ofreciéndole en venta seis magníficos anillos. En uno de ellos lucía una preciosa esmeralda, y examinándola la señora, exclamó: «¡Qué rareza! Esta piedra es idéntica a la que obsequié para la custodia de San Agustín».

Turbóse el platero, y no tardó en despedirse.

Pocos minutos después entraba el intendente en la estancia de su esposa, y le participó que acababa de llegar un expreso de Lima con la noticia del sacrílego robo.

—Pues, hijo mío —le interrumpió la señora—, hace un rato que he tenido en casa al ladrón.

Con los informes de la intendenta procedióse en el acto a buscar al maestro Lucas; pero ya éste había abandonado la población. Redobláronse los esfuerzos y salieron inmediatamente algunos indios en todas direcciones en busca del criminal, logrando aprehenderlo a tres leguas de distancia.

El sacrílego principió por una tenaz negativa; pero le aplicaron garrotillo en los pulgares o un cuarto de rueda, y cantó de plano.

Cuando el virrey recibió el oficio del intendente de Huancavelica, despachó para guarda del reo una compañía de su escolta; Llegada ésta a Lima, en enero de 1744, costó gran trabajo impedir que el pueblo lo hiciese añicos. ¡Las justicias populares son cosa rancia por lo visto!

A los pocos días fue el ladrón puesto en capilla, y entonces solicitó la gracia de que se acordasen cuatro meses para fabricar una custodia superior en méritos a la que él había destruido. Los agustinos intercedieron y la gracia fue otorgada.

Las familias pudientes contribuyeron con oro y nuevas alhajas, y cuatro meses después, día por día, la Custodia, verdadera obra de arte, estaba concluida. En este intervalo el maestro Lucas dio en su prisión tan positivas muestras de arrepentimiento, que le valieron la merced de que se le conmutase la pena.

Es decir, que en vez de achicharrarlo como a sacrílego, se le ahorcó muy pulcramente como a ladrón.

## Rudamente, pulidamente, mañosamente

(Crónica de la época del virrey Amat)

### I. En que el lector hace conocimiento con una hembra del coco, de Rechupete y Tilín

Leonorcica Michel era lo que hoy llamaríamos una limeña de *rompe y rasga*, lo que en los tiempos del virrey Amat se conocía por una noticia del *tecum* y de las que se amarran la liga encima de la rodilla. Veintisiete años con más mundo que el que descubrió Colón, color sonrosado, ojos de más preguntas y respuestas que el catecismo, nariz de escribano por lo picaresca, labios retozones y una tabla de pecho como para asirse a ella un náufrago: tal era en compendio la muchacha. Añádanse a estas perfecciones, brevísimo pie, torneada pantorrilla, cintura estrecha, aire de taco y sandunguero, de esos que hacen estremecer hasta a los muertos del campo santo. La moza, en fin, no era boccato di cardenale, sino boccato de concilio ecuménico.

Paréceme que con el retrato basta y sobra para esperar mucho de esa pieza de tela emplástica, que

era como el canario
que va y se baña,
y luego se sacude
con arte y maña.

Leonorcica, para colmo de venturanza, era casada con un honradísimo pulpero español, más bruto que el que asó la manteca, y a la vez más manso que todos los cameros juntos de la cristiandad y morería. El pobrete no sabía otra cosa que aguar el vino, vender gato por liebre y ganar en su comercio muy buenos cuartos, que su bellaca mujer se encargaba de gastar bonitamente en cintajos y faralares, no para más encariñar a su cónyuge, sino para engatusar a los oficiales de los regimientos del rey. A la chica, que de suyo era tornadiza, la había agarrado el diablo por la milicia y... ¡échele usted un galgo a su honestidad! Con razón decía uno:

—Algo tendrá el matrimonio, cuando necesita bendición de cura.

El pazguato del marido, siempre que la sorprendía en gatuperios y juegos nada limpios con los militares, en vez de coger una tranca y derrengarla, se conformaba con decir:

—Mira, mujer: que no me gustan militronchos en casa y que un día me pican las pulgas y hago una que sea sonada.

—Pues mira, ¡arrastrado!, no tienes más que empezar —contestaba la mozuela, puesta en jarras y mirando entre ceja y ceja a su víctima.

Cuentan que una vez fue el pulpero a querellarse ante el provisor y a solicitar divorcio, alegando que su conjunta lo trataba mal.

—¡Hombre de Dios! ¿Acaso te pega? —le preguntó su señoría.

—No, señor —contestó el pobre diablo—; no me pega..., pero me la pega.

Este marido era de la misma masa de aquel otro que cantaba:

Mi mujer me han robado
tres días ha:
ya para bromas basta:
vuelvanmelá.

Al fin la cachaza tuvo su límite, y el marido hizo... una que fue sonada. ¿Perniquebró a su costilla? ¿Le rompió el bautismo a algún galán? ¡Quia! Razonando filosóficamente, pensó que era tontuna perderse un hombre por perrerías de una mala pécora; que de hembras está más que poblado este pícaro mundo, y que, como dijo no sé quién, las mujeres son como las ranas, que por una que zabulle, salen cuatro a flor de agua.

De la noche a la mañana traspasó, pues, la pulpería, y con los reales que el negocio le produjo se trasladó a Chile, donde en Valdivia puso una cantina.

¡Qué fortuna la de las anchovetas! En vez de ir al puchero, se las deja tranquilamente en el agua.

Esta metáfora, traducida a buen romance, quiere decir que Leonorcica, lejos de lloriquear y tirarse de las greñas, tocó genera la, revistó a sus amigos de cuartel, y de entre ellos, sin más recancamusas, escogió para amante de relumbrón al alférez del regimiento de Córdoba, don Juan Francisco Pulido, mocito que andaba siempre más emperejilado que rey de baraja fina.

## II. Mano de historia

Si ha caído bajo tu dominio, lector amable, mi primer libro de Tradiciones, habrás hecho conocimiento con el excelentísimo señor don Manuel Amat y Juniet, trigésimo primo virrey del Perú por su majestad Fernando VI Ampliaremos hoy las noticias históricas que sobre él teníamos consignadas.

La capitanía general de Chile fue, en el siglo pasado, un escalón para subir al virreinato. Manso de Velazco, Amat Jáuregui, O'Higgins y Avilés, después de haber gobernado en Chile, vinieron a ser virreyes del Perú.

A fines de 1771 se hizo Amat cargo del gobierno. «Traía —dice un historiador— la reputación de activo, organizador, inteligente, recto hasta el rigorismo y muy celoso de los intereses públicos, sin olvidar la propia conveniencia.» Su valor personal lo había puesto a prueba en una sublevación de presos en Santiago. Amat entró solo en la cárcel, y, recibido a pedradas, contuvo con su espada a los rebeldes. Al otro día ahorcó a docena y media de ellos. Como se ve, el hombre no se andaba con repulgos.

Amat principió a ejercer el gobierno cuando, hallándose más encarnizada la guerra de España con Inglaterra y Portugal, las colonias de. América recelaban una invasión. El nuevo virrey atendió perfectamente a poner en pie de defensa la costa desde. Panamá a Chile, y envió eficaces auxilios de armas y dinero al Paraguay y Buenos Aires. Organizó en Lima milicias cívicas, que subieron a cinco mil hombres de infantería y dos mil de caballería, y él mismo se hizo reconocer por el coronel del regimiento de nobles, que contaba con cuatrocientas plazas. Efectuada la paz, Carlos III premió a Amat con la cruz de San Jenaro, y mandó a Lima veintidós hábitos de caballeros de diversas órdenes para los vecinos que más se habían distinguido por su entusiasmo en la formación, equipo y disciplina de las milicias.

Bajo su gobierno se verificó el Concilio provincial de 1772, presidido por el arzobispo don Diego Parada, en que fueron confirmados los cánones del Concilio de Santo Toribio.

Hubo de curioso en este Concilio que habiendo investido Amat al franciscano fray Juan de Marimón, su paisano, confesor y aun pariente, con el carácter de teólogo representante del real patronato, se vio en el conflicto de tener que destituirlo y desterrarlo por dos años a Trujillo. El padre Marimón, combatiendo en la sesión del 28 de febrero al obispo Espiñeyra y al crucífero

Durán, que defendían la doctrina del probabilismo, anduvo algo cáustico con sus adversarios. Llamado al orden, Marimón contestó, dando una palmada sobre la tribuna: «Nada de gritos, ilustrísimo señor, que respetos guardan respetos, y si su señoría vuelve a gritarme, yo tengo pulmón más fuerte y le sacaré ventaja». En uno de los volúmenes de *Papeles varios* de la Biblioteca de Lima se encuentran un opúsculo del padre agonizante Durán, una carta del obispo fray Pedro Ángel de Espiñeyra, el decreto de Amat y una réplica de Marimón, así como el sermón que pronunció éste en las exequias del padre Pachi, muerto en olor de santidad.

El virrey, cuyo liberalismo en materia religiosa se adelantaba a su época, influyó, aunque sin éxito, para que se obligase a los frailes a hacer vida común y a reformar sus costumbres, que no eran ciertamente evangélicas. Lima encerraba entonces entre sus murallas la bicoca de mil trescientos frailes, y los monasterios de monjas la pigricia de setecientas mujeres.

Para espiar a los frailes que andaban en malos pasos por los barrios de Abajo el Puente, hizo Amat construir el balcón del palacio que da a la plazuela de los Desamparados, y se pasaba muchas horas escondido tras las celosías.

Algún motivo de tirria debieron darle los frailes de la Merced, pues siempre que divisaba hábito de esa comunidad murmuraba entre dientes: «¡Buen blanco!» Los que oían pensaban que el virrey se refería a la tela del traje, hasta que un curioso se atrevió a pedirle aclaración, y entonces dijo Amat: «¡Buen blanco para una bala de cañón!» En otra ocasión hemos hablado de las medidas prudentes y acertadas que tomó Amat para cumplir la real orden por la que fueron expulsados los miembros de la Compañía de Jesús. El virrey inauguró inmediatamente en el local del colegio de los jesuitas el famoso Convictorio de San Carlos, que tantos hombres ilustres ha dado a la América.

Amotinada en el Callao, a los gritos de «¡Viva el rey y muera su mal gobierno!», la tripulación de los navíos Septentrión y Astuto, por retardo en el pagamento de sueldos, el virrey enarboló en un torreón la bandera de justicia, asegurándola con siete cañonazos. Fue luego a bordo, y tras brevísima información, mando colgar de las entenas a los dos cabecillas y diezmó la marinería insurrecta, fusilando diecisiete. Amat decía que la justicia debe ser como el relámpago.

Amat cuidó mucho de la buena policía, limpieza y ornato de Lima. Un hospital para marineros en Bellavista; el templo de las Nazarenas, en cuya obra trabajaba a veces como carpintero; la Alameda y plaza de Acho para las corridas de toros y el Coliseo, que ya no existe, para las lidias de gallos, fueron de su época. Emprendió también la fábrica, que no llegó a terminarse, del Paseo de Aguas y que, a juzgar por lo que aún se ve, habría hecho competencia a Saint-Cloud y a Versalles.

Licencioso en sus costumbres, escandalizó bastante al país con sus aventuras amorosas. Muchas páginas ocuparían las historietas picantes en que figura el nombre de Amat unido al de Micaela Villegas, la Perricholi, actriz del teatro de Lima.

Sus contemporáneos acusaron a Amat de poca pureza en el manejo de los fondo públicos, y daban por prueba de su acusación que vino de Chile con pequeña fortuna y que, a pesar de lo mucho que derrochó con la Perricholi, que gastaba un lujo insultante, salió del mando millonario. Nosotros ni quitamos ni ponemos, no entramos en esas honduras, y decimos caritativamente que el virrey supo, en el juicio de residencia, hacerse absolver de este cargo, como hijo de la envidia y de la maledicencia humanas.

En julio de 1776, después de cerca de quince años de gobierno, lo reemplazó el excelentísimo señor don Manuel Guirlor.

Amat se retiró a Cataluña, país de su nacimiento, en donde, aunque octogenario y achacoso, contrajo matrimonio con una joven sobrina suya. Las armas de Amat eran: escudo en oro con un ave de siete cabezas de azur.

## III. Donde el lector hallará tres retruécanos no rebuscados, sino históricos

Por los años de 1772 los habitantes de esta hoy prácticamente republicana ciudad de los reyes, se hallaban poseídos del más profundo pánico. ¿»Quién era el guapo que después de las diez de la noche asomaba las narices por esas calles? Una carrera de gatos o ratones en el techo bastaba para producir en una casa soponcios femeniles, alarmas masculinas y barullópolis mayúsculo.

La situación no era para menos. Cada dos o tres noches se realizaba algún robo de magnitud, y según los cronistas de esos tiempos, tales delitos salían, en la forma, de las prácticas hasta entonces usadas por los discípulos de Caco. Caminos subterráneos, forados abiertos por medio de fuego, escalas de alambre y otras invenciones mecánicas revelaban, amén de la seguridad de sus golpes, que los ladrones no solo eran hombres de enjundia y pelo en pecho, sino de imaginativa y cálculo. En la noche del 10 de julio ejecutaron un robo que se estimó en treinta mil pesos.

Que los ladrones no eran gentuza de poco más o menos, lo reconocía el mismo virrey, quien, conversando una tarde con los oficiales de guardia que lo acompañaban a la mesa, dijo con su acento de catalán cerrado:

—¡Muchi diablus de latrons!

—En efecto, excelentísimo señor —le repuso el alférez don Juan Francisco Pulido. Hay que convenir en que roban Pulidamente.

Entonces el teniente de artillería don José Manuel Martínez Ruda lo interrumpió:

—Perdone el alférez. Nada de pulido encuentro; y lejos de eso, desde que desvalijan una casa contra la voluntad de su dueño, digo que proceden rudamente.

—¡Bien! Señores oficiales, se conoce que hay chispa —añadió el alcalde ordinario don Tomás Muñoz, y que era, en cuanto a sutileza, capaz de sentir el galope del caballo de copas—. Pero no en vano empuño yo una vara que hacer caer mañosamente sobre esos pícaros que traen al vecindario con el credo en la boca.

## IV. Donde se comprueba que, a la larga, el toro fino en el matadero y el ladrón en la horca

Al anochecer del 31 de julio del susodicho año de 1772, un soldado entró cautelosamente en la casa del alcalde ordinario don Tomás Muñoz, y se entretuvo con él una hora en secreta plática.

Poco después circulaban por la ciudad rondas de alguaciles y agentes de la policía, que fundó Amat con el nombre de encapados.

En la mañana del 1.º de agosto todo el mundo supo que en la cárcel de la corte y con gruesas barras de grillos se hallaban aposentados el teniente

Ruda, el alférez Pulido, seis soldados del regimiento de Saboya, tres del regimiento de Córdoba y ocho paisanos. Hacíanles también compañía doña Leonor Michel y doña Manuela Sánchez, queridas de los dos oficiales, y tres mujeres del pueblo, mancebas de soldados. Era justo que quienes estuvieron a las maduras, participasen de las duras. Quien comió la carne, que roa el hueso.

El proceso, curiosísimo en verdad y que existe en los archivos de la excelentísima Corte Suprema, es largo para extractado. Baste saber que el 13 de agosto no quedó en Lima títere que no concurriese a la Plaza mayor, en la que estaban formadas las tropas regulares y milicias cívicas.

Después de degradados con el solemne ceremonial de las ordenanzas militares los oficiales Ruda y Pulido, pasaron, junto con nueve de sus cómplices, a balancearse en la horca, alzada frente al callejón de Petateros. El verdugo cortó luego las cabezas, que fueron colocadas en escarpias en el Callao y en Lima.

Los demás reos obtuvieron pena de presidio, y cuatro fueron absueltos contándose entre éstos doña Manuela Sánchez, la querida de Ruda. El proceso demuestra que si bien fue cierto que ella percibió los provechos, ignoró siempre de dónde salían las misas.

## V. En que se copia una sentencia que puede arder en un candil

En cuanto a doña Leonor Michel, receptora de especies furtivas, la condeno a que sufra cincuenta azotes, que le darán en su prisión de mano del verdugo, y a ser rapada de cabeza y cejas, y después de pasada tres veces por la horca, será conducida al real beaterio de Amparadas de la Concepción de esta ciudad, a servir en los oficios más bajos y viles de la casa, reencargándola a la madre superiora para que la mantenga con la mayor custodia y precaución, ínterin se presenta ocasión de navío que salga para la plaza de Valdivia, adonde será trasladada en partida de registro a vivir en unión de su marido, y se mantendrá perpetuamente en dicha plaza. Dio y pronunció esta sentencia el excelentísimo señor don Manuel de Amat y Juniet, caballero de la Orden de San Juan, del Consejo de Su Majestad, su gentilhombre de cámara con entrada, teniente general de sus reales ejércitos, virrey, gobernador y capitán general de estos reinos del Perú y Chile; y en ella firmó su nombre estando haciendo audiencia en su gabinete, en los reyes, a 11 de agosto de 1772, siendo testigo don Pedro Juan Sanz, su secretario de cámara, y don José Garmendia, que lo es de cartas. —GREGORIO GONZÁLEZ DE MENDOZA, escribano de su majestad y Guerra».

¡Cáscara! ¿No les parece a ustedes que la sentencia tiene tres pares de peredengues?

Ignoramos si el marido entablaría recurso de fuerza al rey por la parte en que, sin comerlo ni beberlo, se le obligaba a vivir en ayuntamiento con la media naranja que le dio la Iglesia, o si cerró los ojos y aceptó la libranza, que bien pudo ser, pues para todo hay genios en la viña del Señor.

## El resucitado

(Crónica de la época del trigésimo segundo virrey del Perú)

A principios del actual siglo existía en la Recolección de los descalzos un octogenario de austera virtud y que vestía el hábito de hermano lego. El pueblo, que amaba mucho al humilde monje, conocíalo solo con el nombre de el Resucitado. Y he aquí la auténtica y sencilla tradición que sobre él ha llegado hasta nosotros.

### I

En el año de los tres sietes (número apocalíptico y famoso por la importancia de los sucesos que se realizaron en América) presentóse un día en el Hospital de San Andrés un hombre que frisaba en los cuarenta agostos, pidiendo ser medicinado en el santo asilo. Desde el primer momento, los médicos opinaron que la dolencia del enfermo era mortal, y le previnieron que alistase el bagaje para pasar a un mundo mejor.

Sin inmutarse oyó nuestro individuo el fatal dictamen, y después de recibir los auxilios espirituales o de tener el práctico a bordo, como decía un marino, llamó a Gil Paz, ecónomo del hospital, y díjole, sobre poco más o menos:

—Hace quince años que vine de España, donde no dejo deudos, pues soy un pobre expósito. Mi existencia en Indias ha sido la del que honradamente busca el pan por medio del trabajo; pero con tan aviesa fortuna que todo mi capital, fruto de mil privaciones y fatigas, apenas pasa de cien onzas de oro, que encontrará vuesamerced en un cincho que llevo al cuerpo. Si, como creen los físicos, y yo con ellos, su Divina Majestad es servida llamarme a su presencia, lego a vuesamerced mi dinero para que lo goce, pidiéndole únicamente que vista mi cadáver con una buena mortaja del seráfico padre San Francisco, y pague algunas misas en sufragio de mi alma pecadora.

Don Gil juró por todos los santos del calendario cumplir religiosamente con los deseos del moribundo, y que no solo tendría mortaja y misas, sino un decente funeral. Consolado así el enfermo, pensó que lo mejor que le quedaba por hacer era morirse cuanto antes; y aquella misma noche empezaron a enfriársele las extremidades, y a las cinco de la madrugada era alma de la otra vida.

Inmediatamente pasaron las peluconas al bolsillo del ecónomo, que era un avaro más ruin que la encarnación de la avaricia. Hasta su nombre revela lo menguado del sujeto:

—¡¡¡Gil Paz!!! No es posible ser más tacaño de letras ni gastar menos tinta para una firma. Por entonces no existía aún en Lima el cementerio general, que, como es sabido, se inauguró el martes 31 de mayo de 1808; y aquí es curioso consignar que el primer cadáver que se sepultó en nuestra necrópolis al día siguiente fue el de un pobre de solemnidad llamado Matías Izurriaga, quien, cayéndose de un andamio sobre el cual trabajaba como albañil, se hizo tortilla en el atrio mismo del cementerio. Los difuntos se enterraban en un corralón o campo santo que tenía cada hospital, o en las bóvedas de las iglesias, con no poco peligro de la salubridad pública.

Nuestro don Gil reflexionó que el finado le había pedido muchas gollerías; que podía entrar en la fosa común sin asperges, responsos ni sufragios; y que, en cuanto a ropaje, bien aviado iba con el raído pantalón y la mugrienta camisa con que lo había sorprendido la Flaca.

«En el hoyo no es como en el mundo —filosofaba Gil Paz donde nos pagamos de exterioridades y apariencias, y muchos hacen papel por la tela del vestido. ¡Vaya una pechuga la del difunto! No seré yo, en mis días, quien halague su vanidad, gastando los cuatro pesos que importa la jerga franciscana. ¿Querer lujo hasta para pudrir tierra? ¡Hase visto presunción de la laya! ¡Milagro no le vino en antojo que lo enterrase con guantes de gamuza, botas de campana y gorgueras de encaje! Vaya al agujero como está el muy bellaco, y agradézcame que no lo mande en el traje que usaba el padre Adán antes de la golosina».

Y dos negros esclavos del hospital cogieron el cadáver y lo transportaron al corralón que servía de cementerio.

Dejemos por un rato en reposo al muerto, y mientras el sepulturero abre la zanja, fumemos un cigarrillo, charlando sobre el gobierno y la política de aquellos tiempos.

II

El excelentísimo señor don Manuel Guirior, natural de Navarra y de la familia de San Francisco Javier, caballero de la Orden de San Juan, teniente general de la real armada, gentilhombre de cámara y marqués de Guirior, hallábase como virrey en el nuevo reino de Granada, donde había contraído matrimonio con doña María Ventura, joven bogotana, cuando fue promovido por Carlos III al gobierno del Perú.

Guirior, acompañado de su esposa, llegó a Lima de incógnito el 17 de julio de 1776, como sucesor de Amat. Su recibimiento público se verificó con mucha pompa el 3 de diciembre, es decir, a los cuatro meses de haberse hecho cargo del gobierno. La sagacidad de su carácter y sus buenas dotes administrativas le conquistaron en breve el aprecio general. Atendió mucho a la conversión de infieles, y aun fundó en Chanchamayo colonias y fortalezas, que posteriormente fueron destruidas por los salvajes.

En Lima estableció el alumbrado público, con pequeño gravamen de los vecinos, y fue el primer virrey que hizo publicar bandos contra el diluvio llamado juego de carnavales. Verdad es que, entonces como ahora, bandos tales fueron letra muerta.

Guirior fue el único, entre los virreyes, que cedió a los hospitales los diez pesos que, para sorbetes y pastas, estaban asignados por real cédula a su excelencia siempre que honraba con su presencia una función de teatro. En su época se erigió el virreinato de Buenos Aires y quedó terminada la demarcación de límites del Perú, según el tratado de 1777 entre España y Portugal, tratado que después nos ha traído algunas desazones con el Brasil y el Ecuador.

En el mismo aciago año de los tres sietes nos envió la corte al consejero de Indias don José de Areche, con el título de superintendente y visitador general de la real Hacienda, y revestido de facultades omnímodas tales que hacían casi irrisoria la autoridad del virrey. La verdadera misión del enviado regio era la de exprimir la naranja hasta dejarla sin jugo. Areche elevó la contribución de indígenas a un millón de pesos; creó la junta de diezmos; los estancos y alcabalas dieron pingües rendimientos; abrumó de impuestos y socaliñas a los comerciantes y mineros, y tanto ajustó la cuerda, que en Huaraz, Lambayeque, Huánuco, Paseo, Huancavelica, Moquegua y otros lugares estallaron serios desórdenes, en los que hubo corregidores, alcabaleros y empleados reales ajusticia dos por el pueblo.

La excitación era tan grande —dice Lorente— que en Arequipa los muchachos de una escuela dieron muerte a uno de sus camaradas que, en sus juegos, había hecho el papel de aduanero, y en el llano de Santa Marta dos mil arequipeños osaron, aunque con mal éxito, presentar batalla a las milicias reales.

En el Cuzco se descubrió muy oportunamente una vasta conspiración encabezada por don Lorenzo Farfán y un indio cacique, los que, aprehendidos, terminaron su existencia en el cadalso.

Guirior se esforzó en convencer al superintendente de que iba por mal camino; que era mayúsculo el descontento, y que con el rigorismo de sus medidas no lograría establecer los nuevos impuestos, sino crear el peligro de que el país en masa recurriese a la protesta armada, previsión que dos años más tarde, y bajo otro virrey, vino a justificar la sangrienta rebelión de Túpac Amaro. Pero Areche pensaba que el rey lo había enviado al Perú para que, sin pararse en barras, enriqueciese al real Tesoro a expensas de la tierra conquistada, y que los peruanos eran siervos cuyo sudor, convertido en oro, debía pasar a las arcas de Carlos III. Por tanto, informó al soberano que Guirior lo embarazaba para esquilmar el país y que nombrase otro virrey, pues su excelencia maldito si servía para lobo rapaz y carnicero. Después de cuatro años de gobierno, y sin más leve fórmula de cortesía, se vio destituido don Manuel Guirior, trigésimo segundo virrey del Perú, y llamado a Madrid, donde murió pocos meses después de su llegada.

Vivió una vida bien vivida.

Así, en el juicio de residencia como en el secreto que se le siguió, salió victorioso el virrey y fue castigado Areche severamente.

## III

En tanto que el sepulturero abría la zanja, una brisa fresca y retozona oreaba el rostro del muerto, quien ciertamente no debía estarlo en regla, pues sus músculos empezaron a agitarse débilmente, abrió luego los ojos y, al fin, por uno de esos maravillosos instintos del organismo humano, hízose cargo de su situación. Un par de minutos que hubiera tardado nuestro español en volver de su paroxismo o catalepsia, y las paladas de tierra no le habrían dejado campo para rebullirse y protestar.

Distraído el sepulturero con su lúgubre y habitual faena, no observó la resurrección que se estaba verificando hasta que el muerto se puso sobre sus puntales y empezó a marchar con, dirección a la puerta. El búho de cementerio cayó accidentado, realizándose casi al pie de la letra aquello que canta la copla:

El vivo se cayó muerto y el muerto partió a correr.

Encontrábase don Gil en la sala de San Ignacio vigilando que los topiqueros no hiciesen mucho gasto de azúcar para endulzar las tisanas cuando una mano se posó familiarmente en su hombro y oyó una voz cavernosa que le dijo: «¡Avariento! ¿Dónde está mi mortaja?» Volvióse aterrorizado don Gil. Sea el espanto de ver un resucitado de tan extraño pelaje, o sea que la voz de la conciencia hubiese hablado en él muy alto, es el hecho que el infeliz perdió desde ese instante la razón. Su sacrílega avaricia tuvo la locura por castigo.

En cuanto al español, quince días más tarde salía del hospital completamente restablecido, y después de repartir en limosnas las peluconas causa de la desventura de don Gil, tomó el hábito de lego en el convento de los padres descalzos, y personas respetables que lo conocieron y trataron afirman que alcanzó a morir en olor de santidad allá por los años de 1812.

## El virrey de la adivinanza

(Crónica de la época del trigésimo octavo virrey del Perú)

### I

Preguntábamos hace poco tiempo a cierto anciano, amigote nuestro, sobre la edad que podría contar una respetable matrona de nuestro conocimiento; y el buen viejo, que gasta más agallas que un ballenato, nos dijo después de consultar su caja de polvillo:

—Yo le sacaré de curiosidad, señor cronista. Esa señora nació dos años antes de que se volviera a España el virrey de la adivinanza. Conque ajuste usted la cuenta.

La respuesta nada tenía de satisfactoria; porque así sabíamos quién fue el susodicho virrey, como la hora en que el goloso padre Adán dio el primer mordisco a la agridulce manzana del Edén.

—¿Y quién era ese señor adivino?

—¡Hombre! ¿No lo sabe usted? El virrey Abascal, ese virrey a quien debe Lima su cementerio general y la mejor escuela de Medicina de América, y bajo cuyo gobierno se recibió la última partida de esclavos africanos, que fueron vendidos a seiscientos pesos cada uno.

Pero por más que interrogamos al setentón nada pudimos sacar en limpio, porque él estaba a oscuras en punto a la adivinanza. Echámonos a tomar lenguas, tarea que nos produjo el resultado que verá el lector si tiene la paciencia de hacemos compañía hasta el fin de este relato.

### II. ¡Fortuna nos dé Dios!

Cuentan que el asturiano don Fernando de Abascal era en sus verdes años un hidalgo segundón, sin más bienes que su gallarda figura y una rancia ejecutoria que probaba siete ascendencias de sangre azul, sin mezcla de moro ni judío. Viéndose un día sin blanca y aguijado por la necesidad, entró como dependiente de mostrador en una, a la sazón famosa, hostería de Madrid, contigua a la Puerta del Sol, hasta que su buena estrella le deparó conocimiento con un bravo alférez del real ejército, apellidado Vallerriestra, constante parroquiano de la casa, quien brindó a Fernandico una plaza en el regimiento de Mallorca. El mancebo asió la ocasión por el único pelo de la calva, y después de gruesas penurias y de dos años de soldadesca, consiguió plantarse a la jineta; y tras un gentil sablazo, recibido y devuelto en el campo de batalla de Argel en 1775, pasó sin más examen a oficial. A contar de aquí, empezó la fortuna a sonreír a don Fernando, tanto que en menos de un lustro ascendió a capitán como una loma.

Una tarde en que a inmediaciones de uno de los sitios reales disciplinaba su compañía, acertó a pasar la carroza en que iba de paseo su majestad, y por uno de esos caprichos frecuentes no solo en los monarcas, sino en los gobernantes republicanos, hizo parar el carruaje para ver evolucionar a los soldados. Enseguida mandó llamar al capitán, le preguntó su nombre, y sin más requilorio le ordenó regresar al cuartel y constituirse en arresto.

Dábase de calabazadas nuestro protagonista, inquiriendo en su magín la causa que podría haberlo hecho incurrir en el real desagrado; pero cuanto más se devanaba el caletre, más se perdía en extravagantes conjeturas. Sus camaradas huían de él como de un apestado, que cualidad de las almas mezquinas es abandonar al amigo en la hora de la desgracia, viniendo por ende a aumentar su zozobra el aislamiento a que se veía condenado.

Pero como no queremos hacer participar al lector de la misma angustia, diremos de una vez que todo ello era una amable chanza del monarca, quien, vuelto a Madrid, llamó a su secretario, y abocándose con él:

—¿Sabes —le interrogó— si está vacante el mando de algún regimiento?

—Vuestra majestad no ha nombrado aún el jefe que ha de mandar, en la campaña del Rosellón, el regimiento de las Ordenes militares.

—Pues extiende un nombramiento de coronel para el capitán don José Fernando de Abascal, y confiérele ese mando.

Y su majestad salió dejando cariacontecido a su ministro. Caprichos de esta naturaleza eran sobrado frecuentes en Carlos IV. Paseando una tarde en coche, se encontró detenido por el Viático, que marchaba a casa de un moribundo. El rey hizo subir en su carroza al sacerdote, y cirio en mano acompañó al Sacramento hasta el lecho del enfermo. Era éste un abogado en agraz que, restablecido de su enfermedad, fue destinado por Carlos IV a la Audiencia del Cuzco, en donde el zumbón y epigramático pueblo lo bautizó con el apodo del oidor del Tabardillo. Sigamos con Abascal.

Veinticuatro horas después salía de su arresto, rodeado de las felicitaciones de los mismos que poco antes le huían cobardemente. Solicitó luego una entrevista con su majestad, en la que, tras de darle las gracias por sus mercedes, se avanzó a significarle la curiosidad que lo aquejaba de saber lo que motivara su castigo.

El rey, sonriendo con aire paternal, le dijo:

—¡Ideas, coronel, ideas!

Terminada la campaña del Rosellón, en que halló gloriosa tumba de soldado el comandante en jefe del ejército don Luis de Carbajal y Vargas, conde de la Unión y natural de Lima, fue Abascal ascendido a brigadier y trasladado a América con el carácter de presidente de la Real Audiencia de Guadalajara.

Algunos años permaneció en México don Fernando, sorprendiéndose cada día más del empeño que el rey se tomaba en el adelanto de su carrera. Cierto es también que Abascal prestaba importantísimos servicios a la corona. Baste decir que al ser trasladado al Perú con el título de virrey, hizo su entrada en Lima, por retiro del excelentísimo señor don Gabriel de Avilés, a fines de julio de 1806, anunciándose como mariscal de campo, y que seis años después fue nombrado marqués de la Concordia, en memoria de un regimiento que fundó con este nombre para calmar la tempestad revolucionaria y del que, por más honrarlo, se declaró coronel.

Abascal fue, hagámosle justicia, esclarecido militar, hábil político y acertado administrador.

Murió en Madrid en 1821, a los setenta y siete años de edad, invistiendo la alta clase de capitán general.

Sus armas de familia eran: escudo en cruz; dos cuarteles en gules con castillo de plata, y dos en oro, con un lobo de sable pasante.

### III. Gajes del oficio

Allá por los años de 1815, cuando la popularidad del virrey don José Fernando de Abascal comenzaba a convertirse en humo, cosa en que siempre viene a parar el incienso que se quema a los magnates, tocóle a su excelencia asistir a la Catedral en compañía del Cabildo, Real Audiencia y miembros de la por entonces magnífica Universidad de San Marcos, para solemnizar una fiesta de tabla. Habíase encargado del sermón un reverendo de la Orden de Predicadores, varón muy entendido en súmulas, gran comentador de los santos padres, y sobre cuyo lustroso cerviguillo descansaba el docto capelo.

Subió su paternidad al sagrado púlpito, ensartó unos cuantos latinajos, y después de media hora en que echó flores por el pico ostentando una erudición indigesta y gerundiana, descendió muy satisfecho entre los murmullos del auditorio.

Su excelencia, que tenía la pretensión de hombre entendido y apreciador del talento, no quiso desperdiciar la ocasión que tan a las manos se le presentaba, aunque para sus adentros el único mérito que halló al sermón fue el de la brevedad, en lo cual, según el sentir de muy competentes críticos de esa época, no andaba el señor marqués descaminado. Así es que cuando el predicador se hallaba más embelesado en la sacristía, recibiendo plácemes de sus allegados y aduladores, fue sorprendido por un ayuda de campo del virrey, que en nombre de su excelencia le invitaba a comer en palacio. No se lo hizo, por cierto, repetir el convidado, y contestó que, con sacrificio de su modestia, concurriría a la mesa del virrey.

Un banquete oficial no era en aquellos tiempos tan expansivo como en nuestros días de congresos constitucionales; sin embargo, de que ya por entonces, empezaba la República a sacar los pies del plato, y se hablaba muy a las callandas de patria y de libertad.

Pero, volviendo a los banquetes, antes de que se me vaya el santo al cielo por echar una mano de político palique, si bien no lucía en, ellos la pulcra porcelana, se ostentaba en cambio la deslumbradora vajilla de plata, y si se desconocía la cocina francesa con todos sus encantos, el gusto gastronómico encontraba mucho de sólido y suculento, y váyase lo uno por lo otro.

Nuestro reverendo, que así hilvanaba un sermón como devoraba un pollo en alioli o una sopa teóloga con prosaicas tajadas de tocino, hizo cumplido honor a la mesa de su excelencia; y aun agregan que se puso un tanto chispo menudeando tragos de catalán y valdepeñas, vinos, que, sin bautizar, salían de las moriscas cubas que el marqués reservaba para los días de mantel largo, junto con el exquisito y alborotador aguardiente de motocachi.

Terminada la comida, el virrey se asomó al balcón que mira a la calle de los Desamparados, y allí permaneció en sabrosa plática con su comensal hasta la hora del teatro, única distracción que se permitía su excelencia. El fraile, a quien el calorcillo del vino prestaba más locuacidad de la precisa, dio gusto a la lengua, desatándola en bellaquerías que su excelencia tomó por frutos de un ingenio esclarecido.

Ello es que en esa noche el padre obtuvo una pingüe capellanía, con la añadidura de una cruz de brillantes para adorno de su rosario.

## III. Sucesos notables en la época de Abascal

A los cuatro meses de instalado en el gobierno don José Fernando de Abascal, y en el mismo día en que se celebraba la inauguración de la junta propagadora del fluido vacuno, llegó a Lima un propio con pliegos que comunicaban la noticia de la reconquista de Buenos Aires por Liniers. El propio, que se apellidaba Otayza, hizo el viaje de Buenos Aires a Lima en treinta y tres días, y quedó inutilizado para volver a montar a caballo. El virrey le asignó una pensión vitalicia de cincuenta pesos; que lo rápido de tal viaje raya; hoy mismo, en lo maravilloso y hacía al que lo efectuó digno de recompensa.

El 1 de diciembre de 1806 se sintió en Lima un temblor que duró dos minutos y que hizo oscilar las torres de la ciudad. La braveza del mar en el Callao fue tanta, que las olas arrojaron por sobre la barraca del capitán del puerto un ancla que pesaba treinta quintales. Gastáronse ciento cincuenta mil pesos en reparar las murallas de la ciudad, y nueve mil en construir el arco o portada de Maravillas.

En 1808 se instaló el Colegio de Abogados y se estrenó el cementerio general, en cuya fabricación se emplearon ciento diez mil pesos, Dos años después se inauguró solemnemente el colegio de San Fernando para los estudiantes de Medicina.

Entre los acontecimientos notables de los años 1812 y 1813, consignaremos el gran incendio de Guayaquil, que destruyó media ciudad, un huracán que arrancó de raíz varios árboles de la alameda de Lima, terremotos en Ica y Piura y la abolición del Santo Oficio.

En octubre de 1807 se vio en Lima un cometa, y en noviembre de 1811 otro que durante seis meses permaneció visible sin necesidad de telescopio.

Los demás sucesos importantes —y no son pocos— de la época de Abascal se relacionan con la guerra de Independencia, y exigirían de nosotros un estudio ajeno a la índole de las Tradiciones.

## IV. Que trata del ingenioso medio de que se valió un fraile para obligar al marqués a renunciar el gobierno

El virrey que se encontraba hacía algún tiempo en lucha abierta con los miembros del Cabildo y el alto clero, se burlaba de los pasquines y anónimos que pululaban, no solo en las calles, sino hasta en los corredores de palacio. La grita popular, que amenazaba tomar las serias proporciones de un motín, tampoco le inspiraba temores, porque su excelencia contaba con dos mil quinientos soldados para su resguardo, y con cuerdas nuevas de cáñamo para colgar racimos humanos en una horca.

Que Abascal era valiente hasta la temeridad lo comprueba, entre muchas acciones de su vida, la que vamos a apuntar. Hallábase, como buen español, durmiendo siesta en la tarde del 7 de noviembre de 1815, cuando le avisaron que en la plaza de Santa Catalina estaba formado el regimiento de Extremadura en plena rebeldía contra sus jefes, y que la desmoralización se había extendido ya a los cuarteles de húsares y dragones. El virrey montó precipitadamente a caballo, y sin esperar escolta, penetró solo en los cuarteles de los sublevados, bastando su presencia y energía para restablecer el orden.

Realizada por entonces la independencia de algunas repúblicas americanas, la idea de libertad hacía también su camino en el Perú. Abascal había sofocado la revolución en Tacna y en el Cuzco, y sus refuerzos, por el momento, se consagraban a vencerla en el Alto Perú. Mientras él permaneciese al frente del poder juzgaban los patriotas de Lima que era casi imposible salir avante.

Felizmente, el premio otorgado por Abascal al molondro predicador vino a sugerir a otro religioso agustino, el padre Molero, hombre de ingenio y de positivo mérito, que sus motivos tendría para sentirse agraviado, la idea salvadora que sin notable escándalo fastidiase a su excelencia obligándole a irse con la música a otra parte. Para ejecutar su plan le fue necesario ganarse al criado en cuya lealtad abrigaba más confianza el virrey, y he aquí cómo se produjo el mayor efecto a que un sermoncillo de mala muerte diera causa.

Una mañana, al acercarse el marqués de la Concordia a su mesa de escribir, vio sobre ella tres saquitos, los que mandó arrojar a la calle después de examinar su contenido. Su excelencia se encolerizó, dio voces borrascosas, castigó criados, y aun es fama que se practicaron dos o tres arrestos. La broma probablemente no le había llegado a lo vivo hasta que se repitió a los quince días.

Entonces no alborotó el cotarro, sino que muy tranquilamente anunció a la Real Audiencia que no sentándole bien los aires de Lima y necesitando su salud de los cuidados de su hija única, la hermosa Ramona Abascal —que recientemente casada con el brigadier Pereira había partido para España—, se dignase apoyar la renuncia que iba a dirigir a la corté. En efecto, por el primer galeón que zarpó del Callao para Cádiz envió el consabido memorial, y el 7 de julio de 1816 entregó el mando a su favorito don Joaquín de la Pezuela.

Claro, muy claro vio Abascal que la causa de la corona era perdida en «el Perú, y como hombre cuerdo prefirió retirarse con todos sus laureles. El escribió a uno de sus amigos de España estas proféticas palabras:

Harto he hecho por atajar el torrente, y no quiero, ante la Historia y ante mi rey, cargar con la responsabilidad de que el Perú se pierda para España entre mis manos. Tal vez otro logre lo que yo no me siento con fuerzas para alcanzar.

La honradez política de Abascal y su lealtad al monarca superan a todo elogio. Una espléndida prueba de esto son las siguientes líneas que transcribimos de su biógrafo don José Antonio de Lavalle:

España, invadida por las huestes de Napoleón, veía atónita los sucesos de El Escorial, el viaje a Bayona y la prisión de Valencay, e indignada de tanta audacia, levantábase contra el usurpador. Pero con la prisión del rey se había perdido el centro de gravedad en la vasta monarquía de Fernando VII, y las provincias americanas, aunque tímidamente aún, comenzaban a manifestar sus deseos de separarse de una corona que moralmente no existía ya. Dicen que en Lima se le instó a Abascal para que colocase sobre sus sienes la corona de los Incas. Asegúrase que Carlos IV le ordenó que no obedeciese a su hijo; que José Bonaparte le brindó honores, y que Carlota, la princesa del Brasil, le dio sus plenos poderes. El noble anciano no se dejó deslumbrar por el brillo de una corona. Con lágrimas en los ojos cerró los oídos a la voz del que ya no era su rey; despreció indignado los ofrecimientos del invasor de su patria, y llamó respetuosamente a su deber a la hermana de Fernando. La población de Lima esperaba con la mayor ansiedad el día destinado para jurar a Fernando VII, pues nadie ignoraba las encontradas intrigas que rodeaban a Abascal, la gratitud que éste tenía a Carlos IV y la amistad que lo unía a Godoy. El anhelo general en Lima era la Independencia bajo el reinado de Abascal. Nobleza, clero, ejército y pueblo lo deseaban, y lo esperaban. Las tropas formadas en la Plaza, el pueblo apiñado en las calles, las corporaciones reunidas en palacio aguardaban una palabra. Abascal, en su gabinete, era vivamente instado por sus amigos. Hombre al fin, sus ojos se deslumbraron con el esplendor del trono, y dicen que vaciló un momento. Pero volviendo luego en sí, tomó su sombrero y salió con reposado continente al balcón de palacio, y todos le escucharon atónitos hacer la solemne proclamación de Fernando VII y prestar juramento al nuevo rey. Un grito inmenso de admiración y entusiasmo acogió sus palabras, y el rostro del anciano se dilató con el placer que causa la conciencia del deber cumplido; placer tanto más intenso cuanto más doloroso ha sido vencer, para alcanzarlo, la flaca naturaleza de la humanidad.

**V. La curiosidad se pena**

Ahora saquemos del limbo al lector.
El contenido de los saquitos que tan gran resultado produjeron era:

SAL-HABAS-CAL

Sin consultar brujas descifró su excelencia esta charada en acción Sopla, vivo te lo doy, y si muerto me lo das, tú me lo pagarás.

He aquí por qué tomó el *tole* para España el excelentísimo señor don José Fernando de Abascal, y por qué es llamado el virrey del acertijo.

**La trenza de sus cabellos**

Al poeta español don Tomás Rodríguez Rubí,
autor de un drama que lleva el mismo título de esta tradición

**I. De cómo Mariquita Martínez no quiso que la llamase La Pelona**
Allá por los años de 1734 paseábase muy risueña por estas calles de Lima Mariquita Martínez, muchacha como una perla, mejorando lo presente, lectora mía. Paréceme estada viendo, no porque yo la hubiese conocido, ¡qué diablos! (pues cuando ella comía pan de trigo, este servidor de ustedes no pasaba de la categoría de proyecto en la mente del Padre Eterno), sino por la pintura que de sus prendas y garabato hizo un coplero de aquel siglo, que por la pinta debió de ser enamoradizo y andar bebiendo los vientos tras de ese pucherito de mixtura. Mariquita era de esas limeñas que tienen más gracia andando que un obispo confirmando, y por las que dijo un poeta:

Parece en Lima más clara
la luz, que cuando hizo Dios
el Sol que al mundo alumbrara,
puso amoroso, en la cara
de cada limeña, dos.

En las noches de Luna era cuando había que ver a Mariquita paseando. Puente arriba, y Puente abajo, con albísimo traje de zaraza, pañuelo de tul blanco, zapatito de cuatro puntos y medio, dengue de resucitar difuntos, y la cabeza cubierta de jazmines. Los rayos de la Luna prestaban a la belleza de la joven un no sé qué de fantástico; y los hombres, que nos pirramos siempre por esas fantasías de carne y hueso, le echaban una andanada de requiebros, a los que ella, por no quedarse con nada ajeno, contestaba con aquel oportuno donaire que hizo proverbiales la gracia y agudeza de la limeña.
Mariquita era de las que dicen: «Yo no soy la salve para suspirar y gemir». ¡Vida alegre y hacer sumas hasta que se rompa el lápiz o se gaste la pizarra!
En la época colonial casi no se podía transitar por el Puente en las noches de Luna. Era éste el punto de cita para todos. Ambas aceras estaban

ocupadas por los jóvenes elegantes, que a la vez que con el airecito del río hallaban refrigerio al calor canicular, deleitaban los ojos clavándolos en las limeñas que salían a respirar la fresca brisa, embalsamando la atmósfera con el suave perfume de los jazmines que poblaban sus cabelleras.

La moda no era lucir constantemente aderezos de rica pedrería, sino flores; y tal moda no podría ser más barata para padres y maridos, que con medio real de plata salían de compromisos, y aun sacaban alma del purgatorio. Tenían, además, la ventaja de satisfacer curiosidades sobre el estado civil de las mujeres, pues las solteras acostumbraban ponerse las flores al lado izquierdo de la cabeza y las casadas al derecho.

Todas las tardes de verano cruzaban por las calles de Lima varios muchachos, y al pregón de ¡el jazminero! salían las jóvenes a la ventana de reja, y compraban un par de hojas de plátano, sobre las que había una porción de jazmines, diamelas, aromas, suches, azahares, flores de chirimoya y otras no menos perfumadas. La limeña de entonces buscaba sus adornos en la naturaleza, y no en el arte.

La antigua limeña no usaba elixires odontálgicos ni polvos para los dientes; y, sin embargo, era notable la regularidad y limpieza de éstos. Ignorábase aún que en la caverna de una muela se puede esconder una California de oro, y que con el marfil se fabricarían mandíbulas que nada tendrían que envidiar a las que Dios nos regalara. ¿Saben ustedes a quién debía la limeña la blancura de su dientes? Al raicero. Como el jazminero era éste otro industrioso ambulante que vendía ciertas raíces blancas y jugosas, que las jóvenes se entretenían en morder restregándoselas sobre los dientes.

Parece broma; pero la industria decae. Ya no hay jazmineros ni raiceros, y es lástima; que a haberlos, les caería encima una contribución municipal que los partiera por el eje, en estos tiempos en que hasta los perros pagan su cuota por ejercer el derecho de ladrar. Y, con venia de ustedes, también se ha eclipsado el pajuelero o vendedor de mechas azufradas; el puchero o vendedor de puntas de cigarros, el anticuchero y otros industriosos.

Digresiones a un lado, y volvamos a Mariquita.

La limeña de marras no conoció peluquero ni castañas, sino uno que otro ricito volado en los días de repicar gordo, ni fierros calientes ni papillotas: ni usó jamás aceitillo, bálsamos, glicerina ni pomada para el pelo. El agua de Dios y san se acabó y las cabelleras eran de lo bueno lo mejor.

Pero hoy dicen las niñas que el agua pudre la raíz del pelo, y no estoy de humor para armar gresca con ellas sosteniendo la contraria. También los borrachos dicen que prefieren el licor porque el agua cría ranas y sabandijas.

Mariquita tenía su diablo en su mata de cabellos. Su orgullo era lucir dos lujosas trenzas que, como dijo Zorrilla pintando la hermosura de Eva:

la medían en pie la talla entera.

Una de esas noches de Luna iba Mariquita por el Puente lanzando una mirada a éste, esgrimiendo una sonrisa a aquél, endilgando una pulla al de más allá, cuando de improviso un hombre la tomó por la cintura, sacó una afilada navaja, y ¡zis!, ¡zas!, en menos de un periquete le rebanó una trenza.

Gritos y confusión. A Mariquita le acometió la pataleta, la gente echó a correr, hubo cierre de puertas, y a palacio llegó la noticia de que unos corsarios se habían venido a la chita callando por la boca del río y tomado la ciudad por sorpresa.

En conclusión, la chica quedó mocha, y para no dar campo a que la llamasen Mariquita la Pelona se llamó a bien vivir, entró en un beaterio y no se volvió a hablar de ella.

## II. De cómo la trenza de sus cabellos fue cauda de que el Perú tuviera una gloria artística

El sujeto que por berrinche había trasquilado a Mariquita era un joven de veintiséis años, hijo de un español y de una india. Llamábase Baltasar Gavilán. Su padre le había dejado algunos cuartejos; pero el muchacho, encalabrinado con la susodicha hembra, se dio a gastar hasta que vio el fondo de la bolsa, que ciertamente no podía ser perdurable como las cinco monedas de Juan Espera en Dios, alias el Judío Errante.

Era padrino de Baltasar el guardián de San Francisco, fraile de muchas campanillas y circunstancias, quien, aunque profesaba al ahijado gran cariño, echó un sermón de tres horas al informarse del motivo que traía en cuitas al mancebo. El alcalde del crimen reclamó, en los primeros días, la persona del delincuente; pero fuese que Mariquita meditara que, aunque ahorcaran a su enemigo, no por eso había de recobrar la perdida trenza, o, lo más probable, que el influjo de su reverencia alcanzase a torcer las narices a la justicia, lo cierto es que la autoridad no hizo hincapié en el artículo de extradición.

Baltasar, para distraerse en su forzada vida monástica, empezó por labrar un trozo de madera y hacer de él los bustos de la Virgen, el Niño Jesús, los tres Reyes Magos, y, en fin, todos los accesorios del misterio de Belén. Aunque las figuras eran de pequeñas dimensiones, el conjunto quedó lucidísimo, y los visitantes del guardián propalaban que aquello era una maravilla artística. Alentado con los elogios, Gavilán se consagró a hacer imágenes de tamaño natural, no solo en madera, sino en piedra de Huamanga, algunas de las cuales existen en diversas iglesias de Lima.

La obra más aplaudida de nuestro artista fue una Dolorosa, que no sabemos si se conserva aún en San Francisco. El virrey marqués de Villagarcía, noticioso del mérito del escultor, quiso personalmente convencerse, y una mañana se presentó en la celda convertida en taller. Su excelencia, declarando que los palaciegos se habían quedado cortos en el elogio, departió familiarmente con el artista; y éste, animado por la amabilidad del virrey, le dijo que ya le aburría la clausura, que harto purgada estaba su falta en tres años de vida conventual, y que anhelaba ancho campo y libertad. El marqués se rascó la punta de la oreja, y le contestó que la sociedad necesitaba un desagravio, y que pues en el Puente había dado el escándalo, era preciso que en el Puente se ostentase una obra cuyo mérito hiciese olvidar la falta del hombre para admirar el genio del artista. Y con esto, su excelencia giró sobre los talones y tomó el camino de la puerta.

Cinco meses después, en 1738, celebrábase en Urna, con solemne pompa y espléndidos festejos, la colocación sobre el arco del Puente de la estatua ecuestre de Felipe V.

En la descripción que de esas fiestas hemos leído, son grandes los encomios que se tributan al artista. Desgraciadamente para su gloria, no le sobrevivió su obra, pues en el famoso terremoto de 1746, al derrumbarse una parte del arco, vino al suelo la estatua.

Y aquí queremos consignar una coincidencia curiosa. Casi a la vez que caía de su pedestal el busto del monarca, recibióse en Urna la noticia de la muerte de Felipe V a consecuencia de una apoplejía fulminante, que es como quien dice un terremoto en el organismo.

## Santiago el volador

Difícilmente se encontrará limeño que, en su infancia por lo menos, no haya concurrido a funciones de títeres. Fue una española, doña Leonor de Goromar, la primera que, en 1693, solicitó y obtuvo licencia del virrey conde de la Monclova para establecer un espectáculo que ha sido y será la delicia infantil, y que ha inmortalizado los nombres de Ño Pancho, Ño Manuelito y Ño Valdivieso, el más eximio titiritero de nuestros días.

Entre los muñecos de títeres, los que de más popularidad disfrutan son Ño Silverio, Ña Gerundia González, Chocolatito, Mochuelo, Piticalzón, Perote y Santiago el Volador. Los primeros son tipos caprichosos; pero lo que es el último fue individuo tan de carne y hueso como los que hoy comemos pan. Y no fue tampoco un quídam, sino un hombre de ingenio, y la prueba está en que escribió un originalísimo libro que inédito se encuentra en la Biblioteca Nacional, y del que poseo una copia.

Este manuscrito, en el que la tinta, con el transcurso de los años, ha tomado color entre blanco y rubio, debió haber pasado por muchas aduanas y corrido recios temporales antes de llegar a ser numerado en la sección de manuscritos; pues no solo carece de sus últimas páginas, sino, lo que es verdaderamente de sentir, que algún travieso le arrancó varias de las láminas dibujadas a la pluma, y que, según colijo por la lectura del texto, debieron ser quince.

Titúlase la obra Nuevo sistema de navegación por los aires, por Santiago de Cárdenas, natural de Lima en el Perú.[1]

Por el estilo se ve que, en materia de letras, era el autor hombre muy a la pata la llana, circunstancia que él confiesa con ingenuidad. Hijo de padres pobrísimos, aprendió a leer no muy de corrido, y a escribir signos, que así son letras como garabatos para apurar la paciencia de un paleógrafo.

En 1736 contaba Santiago de Cárdenas diez años de edad, y embarcóse en calidad de grumete o pilotín en un navío mercante que hacía la carrera entre el Callao y Valparaíso.

---

[1] En 1878 se publicó en Valparaíso, por la Casa editorial de Jover, en un tomo de 230 páginas en 8.º, con cuatro grabados, sirviendo de prólogo este artículo.

El vuelo de un ave, que él llama tijereta, despertó en Santiago la idea de que el hombre podía también enseñorearse del espacio, ayudado por un aparato que reuniere las condiciones que en su libro designa.

Precisamente, muchas de las más admirables invenciones y descubrimientos humanos débense a causas triviales, si no a la casualidad. La oscilación de una lámpara trajo a Galileo la idea del péndulo; la caída de una manzana sugirió a Newton su teoría de la atracción; la vibración de la voz en el fondo de un sombrero de copa inspiró a Edison el fonógrafo; sin los estremecimientos de una rana moribunda, Galvani no habría apreciado el poder de la electricidad, inventando el telégrafo, y, por fin, sin una hoja de papel arrojada casualmente en la chimenea y ascendente aquélla por el humo y el calórico, no habría Montgolfier inventado en 1783 el globo aerostático. ¿Por qué, pues, Santiago en el vuelo del pájaro tijereta no habría de encontrar la causa primaria de una maravilla que inmortalizase su nombre?

Diez años pasó navegando, y su preocupación constante era estudiar el vuelo de las aves. Al fin, y por consecuencia del cataclismo de 1746, en que se fue a pique la nave en que él servía, tuvo que establecerse en Lima, donde se ocupó en oficios mecánicos, en los que, según él mismo cuenta, era muy hábil; pues llegó a hacer de una pieza guantes, bonetes de clérigo y escarpines de vicuña, con la circunstancia de que el paño más fino no alcanza la delicadeza de mis obras, que en varias artes entro y salgo con la misma destreza que si las hubiera aprendido por reglas; pero, desgraciadamente, las medras las he gastado sin medrar.

Siempre que Santiago lograba ver juntos algunos reales, desaparecía de Lima e iba a vivir en los cerros de Amancaes, San Jerónimo o San Cristóbal, que están a pocas millas de la ciudad. Allí se ocupaba en contemplar el vuelo de los pájaros, cazarlos y estudiar su organismo. Sobre este particular hay en su libro muy curiosas observaciones.

Después de doce años de andar subiendo y bajando cerros, y de perseguir a los cóndores y a todo bicho volátil, sin exclusión ni de las moscas, creyó Santiago haber alcanzado el término de sus fatigas, y gritó ¡Eureka!

En noviembre de 1761 presentó un memorial al excelentísimo señor virrey don Manuel de Amat y Juniet, en el que decía que por medio de un aparato o máquina que había inventado, pero para cuya construcción le faltaban recursos pecuniarios, era el volar cosa más fácil que sorberse un huevo fresco, y de menos peligro que el persignarse. Otrosí, impetraba del virrey una audiencia para explayarle su teoría.

Probable es que su excelencia se prestara a oírlo, y que se quedara después de las explicaciones tan a oscuras como antes. Lo que sí aparece del libro es que Amat puso la solicitud en conocimiento de la Real Audiencia, según lo comprueba este decreto:

Lima y noviembre, 6 de 1761. Remítase al doctor don Cosme Bueno, catedrático de Prima de Matemáticas, para que oyendo al suplicante le suministre el auxilio correspondiente.

Tres firmas y una rúbrica.

Mientras don Cosme Bueno, el hombre de más ciencia que por entonces poseía el Perú, formulaba su informe, era este asunto el tema obligado de las tertulias, y en la mañana del 22 de noviembre un ocioso o malintencionado esparció la voz de que a las cuatro de la tarde iba Cárdenas a volar, por vía de ensayo, desde el cerro de San Cristóbal a la Plaza mayor.

Oigamos al mismo Santiago relatar las consecuencias del embuste: «En el genio del país, tan novelero y ciego de ver cosas prodigiosas, no quedó noble ni plebeyo que no se aproximase al cerro u ocupase los balcones, azoteas de las casas y torres de las iglesias. Cuando se desengañaron de que no había ofrecido a nadie volar, en semejante oportunidad, desencadenó Dios su ira, y el pueblo me rodeó en el atrio de la Catedral, diciéndome: "O vuelas o te matamos a pedradas". Advertido de lo que ocurría, el señor virrey mandó una escolta de tropa que me defendiese, y rodeado de ella fui conducido a palacio, libertándome así de los agravios de la muchedumbre».

Desde este día nuestro hombre se hizo de moda. Todos olvidaron que se llamaba Santiago de Cárdenas para decirle Santiago el Volador, apodo que el infeliz soportaba resignado, pues de incomodarse habría habido compromiso para sus costillas.

Hasta el Santo Oficio día Inquisición tuvo que tomar cartas en protección de Santiago, prohibiendo por un edicto que se cantase la Pava, cancioncilla indecente de la plebe, con la cual Cárdenas servía de pretexto para herir la honra del prójimo.

Excuso copiar las cuatro estrofas de la Pava que hasta mí han llegado, porque contienen palabras y conceptos extremadamente obscenos. Para muestra basta un botón:

Cuando voló una marquesa,
un fraile también voló,
pues recibieron lecciones
de Santiago el Volador.
¡Miren qué pava para el marqués!
¡Miren qué pava para los tres!

Al fin, don Cosme Bueno expidió su informe con el título Disertación sobre el arte de volar. Dividiólo en dos partes. En la primera apoya la posibilidad de volar; pero en la segunda destruye ésta con serios argumentos. La disertación del doctor Bueno corre impresa, y honra la erudición y talento del informante.

Sin embargo de serle desfavorable el informe, Santiago de Cárdenas no se dio por vencido. «Dejé pasar un año —dice— y presenté mi segundo memorial. Las novedades de la guerra con el inglés y las nuevas que de Buenos Aires llegaban me parecieron oportunidad para ver realizado mi proyecto».

Algunos comerciantes, acaso por burlarse del Volador, le ofrecieron la suma necesaria para que construyese el aparato, siempre que el Gobierno lo autorizase para volar. Santiago se comprometía a servir de correo entre Lima y Buenos Aires, y aun si era preciso iría hasta Madrid, viaje que él calculaba hacer en tres jornadas, en este orden: «un día para volar de Lima a Portobelo, otro día de Portobelo a La Habana, y el tercero de La Habana a Madrid». Añade: «Todavía es mucho tiempo, pues si alcanzo a volar como el cóndor (ochenta leguas por hora) me bastará menos de un día para ir a Europa».

«Este memorial —dice Cárdenas— no causó en Lima la admiración y alboroto del primero; y confieso que, con la sagacidad de que me dotó el cielo, había ya conseguido partidarios para mi proyecto». Aquí es del caso decir con el refrán: un loco hace ciento.

En cuanto al virrey Amat, con fecha 6 de febrero de 1763, puso a la solicitud el siguiente decreto: No ha lugar.

Otro menos perseverante que Santiago habría abandonado el proyecto; pero mi paisano, que aspiraba a ser émulo de Colón en la constancia, se puso entonces a escribir un libro con el propósito de remitirlo al rey con un memorial, cuyo tenor copia en el proemio de su abultado manuscrito.

Parece también que el duque de San Carlos se había constituido protector del Ícaro limeño, y ofrecídole solemnemente hacer llegar el libro a manos del monarca; pero en 1766, cuando Cárdenas terminó de escribir, el duque se había ausentado del Perú.

Pocos meses después, el espíritu de Santiago Cárdenas emprendía el vuelo al mundo donde cuerdos y locos son medidos por un rasero.

El autor de un curioso manuscrito titulado *Viaje al globo de la Luna*, libro que existe en la Biblioteca de Lima, y que debió escribirse por los años de 1790, dice, hablando de Santiago de Cárdenas:

Este buen hombre, que era, en efecto, de fina habilidad para trabajos mecánicos estaba a punto de perder el seso con su teoría de volar, y hablaba desde luego aun mejor que lo hiciera. El se había hecho retratar a la puerta de su tienda, en la calle pública; vestido de plumas y con alas extendidas en acción de volar, ilustrando su pintura con dísticos latinos y castellanos, alusivos a su ingenio y al arte de volar, que blasonaba poseer. Recuerdo esta inscripción: ingenio posem superas volitare per arces me nisi vuelo de las aves, discurría sobre la gravedad y leyes de sus movimientos, en muchos casos con acertado criterio. Una tarde se alborotó el vulgo de la ciudad por el rumor vago que corrió de que el tal hombre se arrojaba a volar por lo más encumbrado del cerro de San Cristóbal. Y sucedió que el tal Volador (que ignorante del rumor salía descuidado de su casa) hubo menester refugiarse en el sagrado de una iglesia para libertarse de una feroz tropa de muchachos que lo seguía con gran algazara. Cierto chusco mantuvo en expectación al pueblo diseminado por las faldas del monte y riberas del Rímac; porque trepando al cerro en una mula que cubría con su capa y extendidos sus vuelos con ambos brazos, daba a la curiosidad popular una adelantada idea de un volapié, como lo hacen los g andes pájaros para desprenderse del suelo. Así gritaba la chusma: «¡Ya vuela! ¡Ya vuela! ¡Ya vuela!».

También Mendiburu, en su *Diccionario histórico*, consagra un artículo a don José Hurtado y Villafuerte, hacendado en Arequipa, quien por los años de 1810 domesticó un cóndor, el cual se remontó hasta la cumbre del más alto cerro de Uchumayo, llevan do encima un muchacho, y descendió después con su jinete.

Hurtado y Villafuerte, en una carta que publicó por entonces en la Minerva Peruana, periódico de Lima, cree en la posibilidad de viajar sirviendo de cabalgadura un cóndor, y calcula que siete horas bastarían para ir de Arequipa a Cádiz.

La obra de Cárdenas es incuestionablemente ingeniosa, y contiene observaciones que sorprenden, por ser fruto espontáneo de una inteligencia sin cultivo. Pocos términos científicos emplea; pero el hombre se hace entender.

Después de desarrollar largamente su teoría, se encarga de responder a treinta objeciones; y tiene el candor de tomar por lo serio y dar respuesta a muchas que le fueron hechas con reconocida intención de burla.

Yo no atinaré a dar una opinión sobre si la navegación aérea es paradoja que solo tiene cabida en cerebros que están fuera de su caja, o si es hacedero que el hombre domine el espacio cruzado por las aves. Pero lo que sí creo con toda sinceridad es que Santiago de Cárdenas no fue un charlatán embaucador, sino un hombre convencido y de grandísimo ingenio.

Si Santiago de Cárdenas fue un loco, preciso es convenir en que su locura ha sido contagiosa. Hoy mismo, más de un siglo años persigue la idea de entrar en competencia con las águilas. Don Pedro Ruiz es de aquellos seres que tienen la fe de que habló Cristo y que hace mover los montes.

Una observación: don Pedro Ruiz no ha podido conocer el manuscrito de que me he ocupado, y ¡particular coincidencia!, su punto de partida y las condiciones de su aparato son, en buen análisis, los mismos que imaginó el infeliz protegido del duque de San Carlos.

Concluyamos. Santiago de Cárdenas aspiró a inmortalizarse, realizando acaso el más portentoso de los descubrimientos, y, ¡miseria humana!, su nombre vive solo en los fastos titiritescos de Lima.

Hasta después de muerto lo persigue la rechifla popular. El Destino tiene ironías atroces.

## La niña del antojo

Generalizada creencia era entre nuestros abuelos que a las mujeres encinta debía complacérselas en sus más extravagantes caprichos. Oponerse a ellos equivalía a malograr obra hecha. Y los discípulos de Galeno eran los que más contribuían a vigorizar esa opinión, si hemos de dar crédito a muchas tesis o disertaciones médicas que, impresas en Lima, en diversos años, se encuentran reunidas en el tomo XXIX de *Papeles varios de la Biblioteca Nacional*.

Las mujeres de suyo son curiosas, y bastaba que les estuviera vedado entrar en claustros para que todas se desviviesen por pasear conventos. No había, pues, en el siglo pasado limeña que no los hubiese recorrido desde la celda del prior o abadesa hasta la cocina.

Tan luego como en la familia se presentaba hija de Eva en estado interesante, las hermanitas, amigas y hasta las criadas se echaban a arreglar programa para un mes de romería por los conventos. Y la mejor mañana se aparecían diez o doce tapadas en la portería de San Francisco, por ejemplo, y la más vivaracha de ellas decía, dirigiéndose allego portero:

—¡Ave María Purísima!

—Sin pecado concebida. ¿Qué se ofrece, hermanitas?

—Que vaya usted donde el reverendo padre guardián y le diga que esta niña, como a la vista está, se encuentra abultadita, que se le ha antojado pasear el convento, y que nosotros venimos acompañándola por si le sucede un trabajo.

—¡Pero tantas!... —murmuraba el lego entre dientes.

—Todas somos de la familia: esta buena moza es su tía carnal; estas dos son sus hermanas, que en la cara se les conoce; estas tres gordinfloncitas son sus primas por parte de madre; yo y esta borradita sus sobrinas, aunque no lo parezcamos; la de más allá, esa negra chicarrona, es la mama que la crió; ésta es su...

—Basta, basta con la parentela, que es larguita —interrumpía el lego sonriendo.

Aquí la niña del antojo lanzaba un suspiro, y las que la acompañaban decían en coro:

—¡Jesús, hijita! ¿Sientes algo? Vaya usted prontito, hermano, a sacar la licencia. ¡No se embrome y tengamos aquí un trabajo!

¡Virgen de la Candelaria! ¡Corra usted, hombre, corra usted!

Y el portero se encaminaba, paso entre paso, a la celda del guardián; y cinco minutos después regresaba con la superior licencia, que su paternidad no tenía entrañas de ogro para contrariar deseos de una embarazada.

—Puede pasar la niña del antojo con toda la sacra familia. Y otro lego asumía las funciones de guía o cicerone.

Por supuesto que en muchas ocasiones la barriga era de pega, es decir, rollo de trapos; pero ni guardián ni portero podían meterse a averiguarlo.

Para ellos vientre bovedado era pasaporte en regla.

Y de los conventos de frailes pasaban a los monasterios de monjas; y de cada visita regresaba a casa la niña del antojo provista de ramos de flores, cerezas y albaricoques, escapularios y pastillas.

Las camaradas participaban también del pan bendito.

Y la romería en Lima duraba un mes por lo menos.

Un arzobispo, para poner coto al abuso y sin atreverse a romper abiertamente con la costumbre, dispuso que las antojadizas limeñas recabasen la licencia no de la autoridad conventual, sino de la curia; pero como había que gastar en una hoja de papel sellado, y firmar solicitud, y volver al siguiente día por el decreto, empezaron a disminuir los antojos.

Su sucesor, el señor La Reguera, cortó de raíz el mal, contestando un no rotundo a la primera prójima que fue con el empeño.

—¿Y si malparo, ilustrísimo señor? —insistió la postulante.

—De eso no entiendo yo, hijita, que no soy comadrón, sino arzobispo.

Y lo positivo es que no hay tradición de que limeña alguna haya abortado por no pasear claustros.

Entre los manuscritos que en la Real Academia de la Historia, en Madrid, forman la colección de Matalinares, archivo de curiosos documentos relativos a la América, hay un (cuaderno 3.º del tomo LXVIII) códice que no es sino el extracto de un proceso a que en el Perú dio motivo la niña del antojo.

Guardián de la Recoleta de Cajamarca era, por los años de 1806, fray Fernando Jesús de Arce, quien, contrariando la arzobispal y disciplinaria disposición, dio en permitir el paseíto por su claustro a las cristianas que lo solicitaban alegando. el delicado achaque. La autoridad civil tuvo o no tuvo sus razones para preten der hacerlo entrar en vereda, y se armó proceso, y gordo.

El padre comisario general apoyó al padre Arce, presentando, entre otros argumentos, el siguiente que, a su juicio, era capital y decisivo:

—La conservación del feto es de derecho natural y el precepto de la clausura es de derecho positivo, y por consideración al último no sería caritativo exponer una mujer al aborto:

El padre Arce decía que para él era caso de conciencia con sentir en el capricho femenino; pues una vez que se negó a conceder tal licencia acontenció que, a los tres días, se le presentó la niña del antojo llevando el feto en un frasco y culpándole de su desventura. Añadía el padre Arce que por él no había de ir otra almita al limbo y que no se sentía con hígados para hacer un feo a antojos de mujer encinta.

El vicario foráneo se vio de los hombres más apurado para dar su fallo, y solicitó el dictamen de Matalinares, que era a la sazón fiscal de la Audiencia de Lima. Matalinares sostuvo que no por el peligro del feto, sino por corruptelas y consideraciones de conveniencia o por privilegios apostólicos para determinadas personas de distinción, se había tolerado la entrada de mujeres en clausura de regulares, y que eso de los antojos era grilla y preocupación. En resumen, terminaba opinando que se previniese al padre comisario general ordenase al guardián de la Recoleta que por ningún pretexto consintiese en lo sucesivo visitas de faldas, bajo las penas designadas por la Bula de Benedicto XV, expedida en 3 de enero de 1742.

El vicario, apoyándose en tan autorizado dictamen, falló contra el guardián; pero éste no se dio por derrotado, y apeló ante el obispo, quien confirmó la resolución.

Fray Fernando Jesús de Arce era testarudo, y dijo en el primer momento que no acataba el mandato mientras no viniese del mismo Papa; pero su amigo, el comisario general, consiguió apaciguarlo, diciéndole:

—Padre reverendo, más vale maña que fuerza. Pues la cuestión ante todo es de amor propio, éste quedará a salvo acatando y no cumpliendo.

El padre Arce quedó un minuto pensativo; y luego, pegándose una palmada en la frente, como quien ha dado en el quid de intrincado asunto, exclamó:

—¡Caballito! ¡Eso es!

Y en el acto hizo formal renuncia de la guardianía, para que otro y no él cargase con el mochuelo de enviar almitas al limbo.

## La llorona del viernes santo

(Cuadro tradicional de costumbres antiguas)

Existía en Lima, hasta hace cincuenta años, una asociación de mujeres todas garabateadas de arrugas y más pilongas que piojo de pobre, cuyo oficio era gimotear y echar lagrimones como garbanzos. ¡Vaya una profesión perra y barrabasada! Lo particular es que toda socia era vieja como el pecado, fea como un chisme y con pespuntes de bruja y rufiana. En España dábanlas el nombre de plañideras; pero en estos reinos del Perú se las bautizó con el de doloridas o lloronas.

Que el gobierno colonial hizo lo posible por desterrarlas, me lo prueba un bando o reglamento de duelos que el virrey don Teodoro de Croix mandó promulgar en Lima con fecha 31 de agosto de 1786, y que he tenido oportunidad de leer en el tomo XXXVIII de *Papeles varios* de la Biblioteca Nacional. Dice así, al pie de la letra, el artículo 12 del bando:

El uso de las lloronas o plañideras, tan opuesto a las máximas de nuestra religión como contrario a las leyes, queda perpetuamente proscrito y abolido, imponiéndose a las contraventoras la pena de un mes de servicio en un hospital, casa de misericordia o panadería.

Parece que este bando fue, como tantos otros, letra muerta. No bien fallecía el prójimo que dejase hacienda con que pagar un decente funeral, cuando el albacea y deudos se echaban por esas calles en busca de la llorona de más fama, la cual se encargaba de contratar a las comadres que la habían de acompañar. El estipendio, según reza un añejo centón que he consultado, era de cuatro pesos para la plañidera en jefe y dos para cada subalterna. Y cuando los dolientes, echándola de rumbosos añadían algunos realejos sobre el precio de tarifa, entonces las doloridas estaban también obligadas a hacer algo extraordinario, y este algo era acompañar el llanto con patatuses, convulsiones epilépticas y repelones. Ellas, en unión de los llamados pobres de hacha, que concurrían con cirio en la mano, esperaban a la puerta del templo la entrada y salida del cadáver para dar rienda suelta a su aflicción de contrabando.

Dígase lo que se quiera en contra de ellas; pero lo que yo sostengo es que ganaban la plata en conciencia. Habíalas tan adiestradas que no parece sino que llevaban dentro del cuerpo un almacén de lágrimas; tanto eran éstas bien fingidas, merced al expediente de pasarse por los ojos los dedos untados de zumo de ajos y cebollas. Con frecuencia, así habían conocido ellas al difunto como al moro Muza, y mentían que era un contento exaltando, entre ayes y congojas, las cualidades del muerto.

—¡Ay, ay! ¡Tan generoso y caritativo! —y el que iba en el cajón había sido usurero nada menos.

—¡Ay, ay! ¡Tan valiente y animoso! —y el infeliz había liado los bártulos por consecuencia del mal de espanto que le ocasionaron los duendes y las penas.

—¡Ay, ay! ¡Tan honrado y buen cristiano! —y el difunto había sido, por sus picardías y por lo encallecida que traía la conciencia, digno de morir en alto puesto, es decir, en la horca.

Y por este tono eran las jeremiadas.

No concluía aquí la misión de las lloronas. Quedaba aún el rabo por desollar; esto es, la ceremonia de recibir el duelo en casa del difunto durante treinta noches. Enlutábanse con cortinajes negros la sala y cuadra, alumbrándolas con un fanal o guardabrisa cubierta por un tul que escasamente dejaba adivinar la luz, o bien encendían una palomilla de aceite que despedía algo como amago de claridad, pero que realmente no servía sino para hacer más terrorífica la lobreguez. Desde las siete de la noche los amigos del finado entraban silenciosos en la sala y tomaban asiento sin proferir palabra. Un duelo era en buen romance una congregación de mudos.

La cuadra era el cuartel general de las faldas y de las plagas. Las amigas imitaban a los varones a no mover sus labios, lo cual, bien mirado, debía ser ruda penitencia para las hijas de Eva. Solo a las lloronas les era lícito sonarse con estrépito y lanzar de rato en rato un ¡ay Jesús! o un suspiro cavernoso, que parecía del otro mundo.

Escenas ridículas acontecían en los duelos. Un travieso, por ejemplo, largaba media docena de ratoncillos en la cuadra, y entonces se armaba una de gritos, carreras, chillidos y pataletas.

Por fortuna, con las campanadas de las ocho terminaba la recepción; aquí eran los apuros entre las mujeres. Ninguna quería ser la primera en levantarse. Llamábase este acto romper el chivato.

A la postre se decidía alguna a dar esta muestra de coraje, y acercándose a la no siempre inconsolable viuda, le decía:

—¡Cómo ha de ser! Hágase la voluntad de Dios. Confórmate, hija mía, que él está entre santos y descansando de este mundo ingrato. No te des a la pena, que eso es ofender a quien todo lo puede.

Y todas iban despidiéndose con idéntica retahíla.

Cuando la familia regresaba de dar el pésame, por supuesto que ponían sobre el tapete a la viuda y a la concurrencia, y cortaban las muchachas, con la tijera que Dios les dio, unos sayos primorosos. Lo que es la abuela o alguna tía, a quienes el romadizo había impedido ir a cumplir con la viuda, preguntaban:

—¿Y quién rompió el chivato?

—Doña Estatira, la mujer del escribano.

—¡Ella había de ser, ¡la muy sinvergüenza! ¡Ya se ve..., una mujer que tiene coraje para llamarse Estatira!...

Por más que cavilo no acierto a darme cuenta del porqué de esta murmuración. ¡Caramba! Supongo que una visita no ha de ser eterna, y que alguien ha de dar el ejemplo en lo de tomar el camino de la puerta, y que no hay ofensa a Dios ni al prójimo en llamarse Estatira.

En cada noche recibía la llorona una peseta columnaria, y un bollo de chocolate. Y no se olvide que la ganga duraba un mes cabal.

Solo en el fallecimiento de los niños no tenían las lloronas misión que desempeñar. ¡Ya se ve! ¡Angelitos al cielo!

Pero entre todas las pleñideras había una que era la categoría, el *nom plus ultra* del género, y que solo se dignaba asistir a entierro de virrey, de obispo o personajes muy encumbrados. Distinguíase con el título de la llorona del Viernes Santo. El pueblo la llamaba con otro nombre que, por no ruborizar a nuestras lectoras, dejamos en el fondo del tintero.

Así se decía: «El entierro de don Fulano ha estado de lo bueno lo mejor. ¡Con decirte, niña, que hasta la llorona del Viernes Santo estuvo en la puerta de la iglesia!» Para mí solo hay una profanación superior a ésta, y es la que

**109**

anualmente se realiza, en las grandes ciudades, con el paseo o romería que en noviembre se emprende al cementerio. La vanidad de los vivos y no el dolor de los deudos es quien ese día adorna las tumbas con flores, cintas y coronas emblemáticas.

—¿Qué se diría de nosotros? —dicen los cariñosos parientes—. Es preciso que los demás vean que gastamos lujo—. Y encontré vanidad hasta en la muerte, dice el más sabio de los libros.

Las losas sepulcrales son objeto de escarnio y difamación en esa romería.

—¡Hombre! —dice un mozalbete a otro chisgarabís de su estofa, pasando revista a las lápidas—. Mira quién está aquí... La Carmencita... ¿No te acuerdas, chico?... La que fue querida de mi primo el banquero, y le costó un ojo de la cara... Muchacha muy caritativa... y bonita, eso sí, solo que se pintaba las cejas y fruncía la boca para esconder un diente mellado.

—¡Preciosa corona le han puesto a don Melquíades! Mejor se la puso su mujer en vida.

—¡Buen mausoleo tiene don Junípero! ¡Podía ser mejor, que para eso robó bastante cuando fue ministro de Hacienda! ¡Valiente pillo!

—Fíjate en el epitafio que le han puesto a don Milón, que no fue sino un borrico con herrajes de oro y albarda de plata. ¡Llamar pozo de ciencia y de sabiduría a ese grandísimo cangrejo! ¡Gran zorra fue doña Reme dios! La conocí mucho, mucho. ¡Como que casi tuve un lance con el Juan Lanas de su marido!

—No sabía yo que se había ya muerto el marqués del Algarrobo. ¡Bien viejo ha ido al hoyo! ¡Como que era contemporáneo de los espolines de Pizarro! ¡Pucha! Aquí está un patriota abnegado, de esos que dan el ala para comerse la pechuga y que saben sacar provecho de toda calamidad pública.

Y basta para muestra de irreverente murmuración. A estos maldicientes les viene a pelo la copla popular:

El zapato traigo roto,
¿con qué lo remendaré?
Con picos de malas lenguas
que propalan lo que no es.

El verdadero dolor huye del bullicio. Ir de paseo al cementerio el día de finados por ver y hacerse ver, por aquello de —¿adónde vas, Vicente?, adonde va toda la gente— como se va a la plaza de toros, por novelería y por matar tiempo, es cometer el más repugnante y estúpido de los sacrilegios.

Dejo en paz a los difuntos y vuelvo a las lloronas.

Los padres mercedarios, en competencia con lo que la víspera hacían los agustinos, sacaban el Viernes Santo en procesión unas andas con el sepulcro de Cristo, y tras ellas y rodeadas por multitud de beatas, iba una mujer desgreñada, dando alaridos, echando maldiciones a Judas, a Caifás, a Pilatos y a todos los sayones; y lo gracioso es que, sin que se escandalizase alma viviente, lanzaba a los judíos apóstrofes tan subidos de punto como el llamarlos hijos de... la mala palabra:

De la capilla de la Vera Cruz salía también, a las once de la noche, la famosa procesión de la Minerva que, como se sabe, era costeada por los nobles descendientes de los compañeros de Pizarro, quien fue el fundador de la aristocrática hermandad y obtuvo que el Papa enviara para la iglesia un trozo de verdadero *lignum crucis*, reliquia que aún conservan los dominicos.

Pero en esta procesión todo era severidad, a la vez que lujo y grandeza. La aristocracia no dio cabida nunca a fas lloronas, dejan do ese adorno para la popular procesión de los mercedarios.

El arzobispo don Bartolomé María de las Heras no había gozado de esas mojigangas; y el primer año, que fue el de 1807, en que asistió a la procesión hizo, a media calle, detener las andas, ordenando que se retirase aquella mujer escandalosa que, sin respeto a la santidad del día, osaba pronunciar palabrotas inmundas.

¿Creerán ustedes que el pueblo se arremolinó para impedirlo? Pues así como suena. ¡No faltaba más que deslucir la procesión eliminando de ella a la llorona!

El sagaz arzobispo se sonrió y, acatando la voluntad del pueblo, mandó que siguiese su curso la procesión; pero en el año siguiente con toda entereza prohibió a los mercedarios semejante profanación.

En cuanto a las plañideras de entierros, ellas pelecharon por algunos años más.

Como se ve por este ligero cuadro, si había en Lima oficio productivo era el de las lloronas. Pero vino la Patria con todo su cortejó de impiedades, y desde entonces da grima morirse; pues lleva uno al mudar de barrio la certidumbre de que no lo han de llorar en regla.

A las lloronas las hemos reemplazado con algo peor si cabe... con las necrologías de los periódicos.

## Tras la tragedia, el sainete

**I**

Pues, señor, allá por los años de 1814 había en Lima un maestro de escuela llamado don Bonifacio, vizcaíno que si hubiese alcanzado estos tiempos habría podido servir de durmiente en una línea férrea.
¡Tanto era duro de carácter!
El supradicho don Bonifacio esgrimía la despótica palmeta en una escuela de la feligresía de San Sebastián, situada en la casa no sabemos por qué motivo llamada de la campaña, y era tenido generalmente por el Nerón de los dómines. Más cardenales hace el chicote que el Papa, solía decir don Bonifacio. Gastaba látigo especial para cada día de la semana, lo que constituía un verdadero lujo, y todos habían sido bautizados con diverso nombre. El del lunes llamábase Terremoto; el del martes, Sacasuertes; el del miércoles, San Pascual Bailón; el del jueves, Cascadura; el del viernes, Bizcochuelo; el del sábado, San Martín. Desde la víspera del cumpleaños del magíster, los muchachos le pedían las seis disciplinas y la palmeta; y en la mañana del santo, tras de quemar algunos paquetes de cohetecitos de la China y de tirar por alto cocos y nueces, le devolvían los cotidianos instrumentos de suplicio adornados con cintas y cascabeles. El dómine concedía asueto, y los chicos se desparramaban como bandada de pájaros por las murallas y huertas de la ciudad, armando más de una pelotera.

En esos tiempos era, como quien dice, artículo constitucional (por supuesto, mejor cumplido que los que hogaño trae, en clarísimo tipo de imprenta, nuestra carta política) aquel aforismo de la letra con sangre entra. También el refrán ceño y enseño al mal niño lo hacen bueno, era habitual en la boca de su merced.

Pedía el maestro la lección de Astete o de Ripalda, y ¡ay del arrapiezo que equivocaba sílaba al repetirla de coro! Don Bonifacio le aplicaba un palmetazo, diciéndole: «¡Ah bausán! Ya va un punto». Con el escozor del castigo y con la reprimenda, acabábase de turbar el futuro ciudadano y trabucábasele por completo la aprendida lección. Proseguía, no obstante, gimoteando y limpiándose la moquita con el dorso de la mano. El dómine le corregía la segunda falta, gritando: «¡Ah cocodrilo! Te has comido una *ese* del plural. Van dos puntos». Segundo palmetazo. A la tercera equivocación se llenaba la medida de la benevolencia magistral. Don Bonifacio echaba chispas por sus ojillos, y de sus labios brotaba esta lacónica y significativa frase: «¡Al rincón!»

El rincón era lo que la capilla para un reo condenado a muerte. Cuando ya tenía un competente número de arrinconados, cogía don Bonifacio el zurriago correspondiente al día, y ¡zis, zas!, cada muchacho recibía seis bien sonados chicotazos. Sin perjuicio de la azotaina, al que durante tres días no sabía al dedillo la lección lo plantaba en el patio de la casa a la vergüenza pública, adornándole la cabeza con una corona o cucurucho de cartón donde estaban escritas con letras gordas como celemines estas palabras: «¡Por borrico!»

En ciertas escuelas protegidas por la nobleza de Lima los condesitos y marquesitos gozaban de un privilegio curioso. Todos concurrían acompañados de un negrito de su misma edad, hermano de leche del amito, el cual era el editor responsable de las culpas de su aristocrático dueño. ¿No sabía el niño la lección? Pues el negrito aguantaba la azotaina, y santas pascuas. En otras escuelas, el maestro acostumbraba los sábados dar a los alumnos, en premio de su buena conducta o aplicación, unas cedulillas impresas, conocidas con el nombre de parco-tibi, y que eran ni más ni menos que vales al portador para libertarlo de seis azotes. Así, cuando un muchacho delinquía y el dómine le condenaba al rincón, con decir: «Señor maestro, tengo parco-tibi alcanzaba la absolución plenaria. Por nada de este mundo perecedero habría dejado un dómine de respetar el parco-tibi. Proceder de otra manera habría sido despreciar el papel del Estado.

Estos vales al portador se cotizaban como cualquier papel de Bolsa, tenían alza y baja. Cuando el maestro había hecho larga emisión de ellos, los chicos beneficiados vendían a los no favorecidos un parco-tibi por medio real de plata, y a fin de semana llegaba una cedulilla a valer un real. El precio tenía que estar en armonía con la demanda y escasez del papel circulante en plaza.

Sigamos con los rigores de don Bonifacio.

Entendido se está que la más leve travesura, como el colocar palomita de azufre sobre el zapato, o hilachas y colgandijos en la espalda de la chupa o mameluco, era penada poniendo al travieso de rodillas, con los brazos en cruz, durante las horas de escuela, y arrimándole un palmetazo de padre y muy señor mío siempre que el cansancio obligaba al paciente a bajar las aspas.

De cuando en cuando acontecía el milagro, en esos tiempos en que los había a mantas, de que todos los muchachos daban una tarde buena lección, evitando además proporcionar todo pretexto para el valpuleo. ¿Creen ustedes que por eso dejaba de funcionar el rebenque? ¡Ni con mucho! Precisamente ése era el día de repartir más cáscara de novillo.

Cuando reinaba la mayor compostura entre los escolares, y se felicitaban en sus adentros de poder salir ese día con las posaderas sin verdugones; cuando el silencio era tan profundo que el volar de una mosca se hubiera tomado por el ruido de una tempestad, saltaba don Bonifacio con esta pregunta:

—¿Quién se ha... reído?

—No he sido yo, señor maestro —se apresuraban a contestar, temblorosos, los alumnos.

—Pues alguno ha sido. ¿No quieren confesar? ¡Hágase la voluntad de Dios! Tendremos juicio.

Y don Bonifacio cerraba puertas y ventanas de la sala y a oscuras empezaba a dar, hasta quedar rendido de fatiga, látigo sin misericordia. Los muchachos se escondían bajo las mesas, se echaban encima tinteros, volcaban sillas y bancos, y gritaban como energúmenos. Para imaginada que no para escrita, es la escena a que el dómine llamaba juicio, parodia de la confusión y zalagarda que nos reserva en el valle de Josafat para el día postrero de la bellaca humanidad. Para don Bonifacio tenían autoridad de evangelio las palabras del refrán: al niño y al mulo al... digo, adonde suene mucho y dañe poco.

Recuerdo que mi dómine tenía dos látigos, bautizado el uno con el nombre de Orbegoso y el otro con el de Salaverry, y que los muchachos solíamos decirle:

—Señor maestro, pégueme usted con Orbegoso y no me pegue con Salaverry.

¡Dios tenga a su merced en gloria! Pero todavía en los tiempos de la otra República, es decir, de la teórica, y a pesar de la ley que prohíbe en las es-

**115**

cuelas el uso y abuso del jarabe de cuero, alcanzamos en Lima un profesor de latinidad (gran compositor de hexámetros y pentámetros, que echaba a lucir en los certámenes universitarios), el cual podía dar baza y triunfo en lo de manejar azote y palmeta al mismísimo don Bonifacio, protagonista del verídico sucedido que voy a relatar.

## II

Por si no ha caído por tu cuenta, campechano lector, mi primer libro de Tradiciones, te diré someramente que en él hay una titulada ¡Predestinación!, cuyo argumento es la muerte a puñaladas que el actor Rafael Cebada dio a su querida la actriz María Moreno. El criminal sufrió garrote vil en la Plaza mayor de Lima el día 28 de enero de 1815, ayudándolo a bien morir un sacerdote de la Recolección de los descalzos, llamado el padre Espejo, el cual en su mocedad había sido también cómico e íntimo amigo de Cebada. Esta es, en síntesis, mi pobrecita tradición histórica, comprobada con documentos y con el testimonio de personas que intervinieron en el proceso o presenciaron la ejecución.

Era costumbre de la época que asistiesen los dómines con sus escolares, siempre que se realizaba alguno de esos sangrientos episodios en que el verdugo Grano de Oro, o su Sucesor Pancho Sales, estaba llamado a funcionar. El espectáculo era gratis, y nuestros antepasados creían conveniente y moralizador familiarizar con él a la infancia. Aquí vendrían de perilla cuatro floreos bien parladitos contra la pena de muerte; pero retráeme del propósito el recuerdo de que, en nuestros días, Victor Hugo y otros ingenios han escrito sobre el particular cosas muy cucas, y que sus catilinarias han sido sermón perdido, pues la sociedad continúa levantando cadalsos en nombre de la justicia y del derecho.

Don Bonifacio, con más de ochenta muchachos, algunos de los cuales son hoy generales, senadores y magistrados de la República, fue de los primeros en colocarse desde las once de la mañana bajo los arcos del Portal de Botoneros, próximos al patíbulo.

Cuando a la una del día aparecieron el verdugo Pancho Sales, negro de gigantesca estatura, la víctima, arrogante mocetón de treinta años, y el auxiliar padre Espejo, empezó don Bonifacio a arengar a sus discípulos, a guisa de los grandes capitanes en el campo de batalla.

—¡Muchachos! Mírense en ese espejo —les gritaba.

Y los obedientes chicos, imaginándose que el dómine se refería al padre Espejo, se volvían ojos para contemplar al seráfico sacerdote, diciéndose: «¿Qué tendrá de nuevo su reverencia para que nos lo recomiende el maestro?» —¡Muchachos! —continuaba el preceptor—. Vean adónde nos conducen las muchachas bonitas con sus caras pecadoras.

Y a tiempo que Cebada exhalaba el último aliento y que se daba por terminada la fiesta, recordó que el látigo no se había desayunado aquella mañana, y terciándose la capa, añadió:

—Y para que no olviden la lección y les quede bien impresa...

¡Juicio!

Y sacando a lucir el San Martín de cinco ramales empezó la azotaina. Los muchachos se escondieron entre la muchedumbre, y don Bonifacio, entusiasmado en la faena, no ya solo hizo crujir el látigo sobre los escolares, sino sobre hombres y mujeres del pueblo.

La turba echó a correr sin darse cuenta de lo que pasaba. Unos tunantes gritaron: ¡toro!, ¡toro!, y hubo cierra puertas general. Un oficioso llegó jadeando a palacio, y dio al virrey Abascal aviso de que los insurgentes de Chile estaban en la plaza pidiendo a gritos la cabeza de su excelencia.

Aquella fue una confusión que \ni la de Babilonia.

Por fin salió una compañía del Fijo, que estaba de guardia en el Principal, con bala en boca y ánimo resuelto de hacer trizas a los facciosos insurgentes; pero no se encontró más que a un hombre descargando furiosos chicotazos sobre los leones de bronce que adornaban la soberbia pila de la plaza.

Don Bonifacio fue conducido a San Andrés, que a la sazón servía de hospital de locos, con gran contentamiento de los muchachos, para quienes la locura del dómine no era de reciente, sino de antigua data.

## Tres cuestiones históricas sobre Pizarro

¿Supo o no supo escribir?
¿Fue o no fue marqués de los Atavillos?
¿Cuál fue y dónde está su gonfalón de guerra?

**I**

Variadísimas y contradictorias son las opiniones históricas sobre si Pizarro supo o no escribir, y cronistas sesudos y minuciosos aseveran que ni aun conoció la O por redonda. Así se ha generalizado la anécdota de que estando Atahualpa en la prisión de Cajamarca, uno de los soldados que lo custodiaban le escribió en la uña la palabra Dios. El prisionero mostraba lo escrito a cuantos le visitaban, y hallando que todos, excepto Pizarro, acertaban a descifrar de corrido los signos, tuvo desde ese instante en menos al jefe de la conquista, y lo consideró inferior al último de los españoles. Deducen de aquí malignos o apasionados escritores que don Francisco se sintió lastimado en su amor propio, y que por tan pueril quisquilla se vengó del Inca haciéndole degollar.

Duro se nos hace creer que quien hombreándose con lo más granado de la nobleza española, pues alanceó toros en presencia de la reina doña Juana y de su corte, adquiriendo por su gallardía y destreza de picador fama tan imperecedera como la que años más tarde se conquistara por sus hazañas en el Perú, duro es, repetimos, concebir que hubiera sido indolente hasta el punto de ignorar el abecedario, tanto más cuanto que Pizarro, aunque soldado rudo, supo estimar y distinguir a los hombres de letras.

Además, en el siglo del emperador Carlos V no se descuidaba tanto como en los anteriores la instrucción. No se sostenía ya que eso de saber leer y escribir era propio de segundones y de frailes, y empezaba a causar risa la fórmula empleada por los Reyes Católicos en el pergamino con que agraciaban a los nobles a quienes hacían la merced de nombrar ayudas de Cámara, título tanto o más codiciado que el hábito de las órdenes de Santiago, Montesa, Alcántara y Calatrava. Una de las frases más curiosas y que, dígase lo que se quiera en contrario, encierra mucho de ofensivo a la dignidad del hombre, era la siguiente: «Y por cuanto vos (Perico el de los Palotes) nos habéis probado no saber leer ni escribir y ser expedito en el manejo de la aguja, hemos venido en nombraros ayuda de nuestra real Cámara», etc.

Pedro Sancho y Francisco de Jerez, secretarios de Pizarro antes que Antonio Picado desempeñara tal empleo, han dejado algunas noticias sobre su jefe, y de ellas, lejos de resultar la sospecha de tan suprema ignorancia, aparece que el gobernador leyó cartas.

No obstante, refiere Montesinos en sus Anales del Perú que en 1525 se propuso Pizarro aprender a leer, que su empeño fue estéril y que contentóse solo con aprender a firmar. Reíase de esto Almagro, y agregaba que firmar sin saber leer era lo mismo que recibir una herida sin poder darla.

Tratándose de Almagro el Viejo es punto históricamente comprobado que no supo leer.

Lo que sí está para nosotros fuera de duda, como lo está para el ilustre Quintana, es que don Francisco Pizarro no supo escribir, por mucho que la opinión de sus contemporáneos no ande uniforme en este punto. Bastaría para probarlo tener a la vista el contrato de compañía celebrado en Panamá, a 10 de marzo de 1525, entre el clérigo Luque, Pizarro y Almagro, que concluye literalmente así:

Y porque no saben firmar el dicho capitán Francisco Pizarro y Diego de Almagro, firmaron por ellos en el registro de esta carta Juan de Panés y Alvaro del Quiro.

Un historiador del pasado siglo dice:

En el archivo eclesiástico de Lima he encontrado varias cédulas e instrumentos firmados del marqués (en gallarda letra), los que mostré a varias personas, cotejando unas firmas con otras, admirado de las audacias de la calumnia con que intentaron sus enemigos desdorarlo y apocarlo, vengando así contra este gran capitán las pasiones propias y heredadas.

En oposición a éste, Zárate y otros cronistas dicen que Pizarra solo sabía hacer dos rúbricas, y que en medio de ellas, el secretario ponía estas palabras: El marqués Francisco Pizarro.

Los documentos que de Pizarra he visto en la Biblioteca de Lima, sección de manuscritos, tienen todos las dos rúbricas. En uno se lee Franx⁰ Pizarro, Archivo Nacional y en el del Cabildo existen también varios de estos autógrafos.

Poniendo término a la cuestión de si Pizarra supo o no firmar, me decido por la negativa, y he aquí la razón más concluyente que para ello tengo:

En el Archivo General de Indias, establecido en la que fue Casa de Contratación en Sevilla, hay varias cartas en las que, como en los documentos que poseemos en Lima, se reconoce, hasta por el menos entendido en paleografía, que la letra de la firma es, a veces, de la misma mano del pendolista o amanuense que escribió el cuerpo del documento.

Pero si la duda cupiese —añade un distinguido escritor bonarense, don Vicente Quesada, que en 1874 visitó el Archivo de Indias— he visto en una información, en la cual Pizarro declara como testigo, que el escribano da fe de que, después de prestada la declaración, la señaló con las señales que acostumbra hacer, mientras que da fe en otras declaraciones de que los testigos las firman a su presencia.

II

Don Francisco Pizarra no fue marqués de los Atavillos ni marqués de las Charcas, como con variedad lo llaman muchísimos escritores. No hay documento oficial alguno con que se puedan comprobar estos títulos, ni el mismo Pizarra, en el encabezamiento de órdenes y bandos, usó otro dictado que éste: El marqués.

En apoyo de nuestra creencia, citaremos las palabras de Gonzalo Pizarro cuando, prisionero de la Gasca, lo reconvino éste por su rebeldía e ingratitud para con el rey, que tanto había distinguido y honrado a don Francisco:

—La merced que su majestad hizo a mi hermano fue solamente el título y nombre de marqués, sin darle estado alguno, y si no díganme cuál es.

El blasón y armas del marqués Pizarro era el siguiente: escudo puesto a mantel: en la primera parte en oro, águila negra, columnas y aguas;. y en rojo, castillo de oro, orla de ocho lobos, en oro; en la segunda parte, puesto a mantel en rojo, castillo de oro con una corona; y en plata, león rojo con una F, y debajo, en plata, león rojo; en la parte baja, campo de plata, once cabezas de indios y la del medio coronada; orla total con cadenas y ocho grifos en oro; al timbre, coronel de marqués...

En una carta que con fechá 10 de octubre de 1537 dirigió Carlos V a Pizarro se leen estos conceptos que vigorizan nuestra afirmación:

    Entre tanto, os llamaréis marqués, como os lo escribo, que, por no saber el nombre que tendrá la tierra que en repartimiento se os dará, no se envía ahora dicho título;

    y como hasta la llegada de Vaca de Castro no se habían determinado por la corona las tierra y vasallos que constituirían el marquesado, es claro que don Francisco no fue sino marqués a secas, o marqués sin marquesado, como dijo su hermano Gonzalo.

    Sabido es que Pizarro tuvo en doña Angelina, hija de Atahualpa, un niño, a quien se bautizó con el nombre de Francisco, el que murió antes de cumplir quince años. En doña Inés Huylas o Yupanqui, hija de Manco Cápac, tuvo una niña, doña Francisca, la cual casó en España en primeras nupcias con su tío Hernando, y después con don Pedro Arias.

    Por cédula real, y sin que hubiera mediado matrimonio con doña Angelina o doña Inés, fueron declarados legítimos los hijos de Pizarro. Si éste hubiera tenido tal título de marqués de los Atavillos, habríanlo heredado sus descendientes. Fue casi un siglo después, en 1628, cuando don Juan Fernando Pizarro, nieto de doña Francisca, obtuvo del rey el título de marqués de la Conquista.

    Piferrer, en su Nobiliario español, dice que, según los genealogistas, era muy antiguo e ilustre el linaje de los Pizarro; que algunos de ese apellido se distinguieron con Pelayo en Covadonga, y que luego sus descendientes se avecindaron en Aragón, Navarra y Extremadura. Y concluye estampando que las armas del linaje de los Pizarro son: «escudo de oro y un pino con piñas de oro, acompañado de dos lobos empinantes al mismo y de dos pizarras al pie del tronco». Estos genealogistas se las pintan para inventar abolengos y entroncamientos. ¡Para el tonto que crea en los muy embusteros!

Acerca de la bandera de Pizarro hay también un error que me propongo desvanecer.

Jurada en 1821 la Independencia del Perú, el Cabildo de Lima pasó al generalísimo don José de San Martín un oficio, por el cual la ciudad le hacía el obsequio del estandarte de Pizarro. Poco antes de morir en Boulogne, este prohombre de la revolución americana hizo testamento, devolviendo a Lima la obsequiada bandera. En efecto, los albaceas hicieron formal entrega de la preciosa reliquia a nuestro representante en París, y éste cuidó de remitirla al gobierno del Perú en una caja muy bien acondicionada. Fue esto en los días de la fugaz administración del general Pezet, y entonces tuvimos ocasión de ver el clásico estandarte depositado en uno de los salones del Ministerio de Relaciones Exteriores. A la caída de este gobierno, el 6 de noviembre de 1865, el populacho saqueó varias de las oficinas de palacio, y desapareció la bandera, que acaso fue despedazada por algún rabioso demagogo, que se imaginaría ver en ella un comprobante de las calumnias que, por entonces, inventó el espíritu de partido para derrocar al presidente Pezet, vencedor en los campos de Junín y Ayacucho, y a quien acusaban sus enemigos políticos de connivencias criminales con España, para someter nuevamente el país al yugo de la antigua metrópoli.

Las turbas no raciocinan ni discuten, y mientras más absurda sea la especie, más fácil aceptación encuentra.

La bandera que nosotros vimos tenía, no las armas de España, sino las que Carlos V acordó a la ciudad por real cédula de 7 de diciembre de 1537. Las armas de Lima eran: un escudo en campo azul con tres coronas regias en triángulo, y encima de ellas una estrella de oro cuyas puntas tocaban las coronas. Por orla, en campo colorado, se leía este mote en letras de oro: Hoc signum vere regum est. Por timbre y divisa, dos águilas negras con corona de oro, una J y una K (primeras letras de Karolus y Juana, los monarcas), y encima de estas letras una estrella de oro. Esta bandera era la que el alférez real por juro de heredad paseaba el día 5 de enero en las procesiones de Corpus y Santa Rosa, proclamación de soberano y otros actos de igual solemnidad.

El pueblo de Lima dio impropiamente en llamar a ese estandarte la bandera de Pizarro, y sin examen aceptó que éste fue el pendón de guerra que los españoles trajeron para la conquista. Y pasando sin refutarse de generación en generación, el error se hizo tradicional e histórico.

Ocupémonos ahora del verdadero estandarte de Pizarro.

Después del suplicio de Atahualpa, se encaminó al Cuzco don Francisco Pizarro, y creemos que fue el 16 de noviembre de 1533 cuando verificó su entrada triunfal en la augusta capital de los Incas.

El estandarte que en esa ocasión llevaba su alférez Jerónimo de Aliaga era de la forma que la gente de iglesia llama gonfalón. En una de sus caras, de damasco color grana, estaban bordadas las armas de Carlos V; y en la opuesta, que era de color blanco según unos, o amarillo según otros, se veía pintado al apóstol Santiago en actitud de combate sobre un caballo blanco, con escudo, coraza y casco de plumeros o airones, luciendo cruz roja en el pecho y una espada en la mano derecha.

Cuando Pizarro salió del Cuzco (para pasar el valle de Jauja y fundar la ciudad de Lima), no lo hizo en son de guerra, y dejó depositada su bandera o gonfalón en el templo del Sol, convertido ya en catedral cristiana. Durante las luchas civiles de los conquista dores, ni almagristas, ni gonzalistas, ni gironistas, ni realistas se atrevieron a llevarlo a los combates, y permaneció como objeto sagrado en un altar. Allí, en 1825, un mes después de la batalla de Ayacucho, lo encontró el general Sucre; éste lo envió a Bogotá, y el gobierno inmediatamente lo remitió a: Bolívar, quien lo regaló a la municipalidad de Caracas, donde actualmente se conserva. Ignoramos si tres siglos y medio de fecha habrán bastado para convertir en hilachas el emblema marcial de la conquista.

## La misa negra

(Cuento de la abuelita)
A mis retoños Clemente y Angélica Palma

Ve y cómprame un pañuelo
para la baba;
en la tienda del puente
los hay de a vara.
(Popular)

Era lo que era. El aire para las aves, el agua para los peces, el fuego para los malos, la tierra para los buenos y la gloria para los mejores; y los mejores son ustedes, angelitos de mi coro, a quienes su Divina Majestad haga santos y sin vigilia.

Pues, hijitos, en 1802, cuando mandaba Avilés, que era un virrey tan bueno como el bizcocho caliente, alcancé a conocer a la madre San Diego. Muchas veces me encontré con ella en la misa de nueve, en Santo Domingo, y era un encanto verla tan contrita, y cómo se iba elevada, que parecía que no pisaba la tierra, hasta el comulgatorio. Por bienaventurada la tuve; pero ahí verán ustedes cómo todo ello no era sino arte y trapacería y embolismo del demonio. Persígnense, niños, para espantar al Maligno.

Ña San Diego, más que menos, tendría entonces unos cincuenta años, e iba de casa en casa curando enfermos y recibiendo por esta caridad sus limosnitas. Ella no usaba remedios de botica, sino reliquias y oraciones, y con poner la correa de su hábito sobre la boca del estómago quitaba, como con la mano, el más rebelde cólico miserere. A mí me sanó de un dolor de muelas con solo ponerse una hora en oración mental y aplicarme a la cara un huesecito, no sé si de San Fausto, San Saturnino, San Teófilo, San Julián, San Acriano o San Sebastián, que de los huesos de tales santos envió el Papa un cargamento de regalo a la Catedral de Lima. Pregúntenselo ustedes, cuando sean grandes, al señor arzobispo o al canónigo Cucaracha, que no me dejarán por mentirosa.

No fue, pues, la beata quien me sanó, sino el demonio, Dios me lo perdone, que si pequé fue por ignorancia. Hagan la cruz bien hecha, sin apuñuscar los dedos, y vuelvan a persignarse, angelitos del Señor.

Ella vivía, me parece que la estuviera viendo, en un cuartito del callejón de la Toma, como quien va para los baños de la Luna, torciendo a mano derecha.

Cuando más embaucada estaba la gente de Lima con la beatitud de *Ña* San Diego, la Inquisición se puso ojo con ella y a seguirla la pista. Un señor inquisidor, que era un santo varón sin más hiel que la paloma, y a quien conocí y traté como a mis manos, recibió la comisión de ponerse en aguaite un sábado por la noche, y a eso de las doce, ¿qué dirán ustedes que vio? A la San Diego, hijos, a la San Diego que, convertida n lechuza, salió volando por la ventana del cuarto. ¡Ave María Purísima!

Cuando al otro día fue ella, muy oronda y como quien no ha roto un plato, a Santo Domingo, para reconciliarse con el padre Bustamante, que era un pico de oro como predicador, ya la esperaba en la plazuela la calesita verde de la Inquisición. ¡Dios nos libre y nos defienda!

Yo era muchacha del barrio, y me consta, y lo diré hasta en la hora de la muerte, que cuando registraron el cuarto de la San Diego halló el Santo Oficio de la Inquisición, encerrados en una alacena, un conejo ciego, una piedra imán con cabellos rubios envueltos en ella, un muñeco cubierto de alfileres, un alacrán disecado, un rabo de lagartija, una chancleta que dijeron ser de la reina Sabá y, ¡Jesús me ampare!, una olla con aceite de lombrices para untarse el cuerpo y que le salieran plumas a la muy bruja para remontar el vuelo después de decir, como acostumbra esa gente canalla: «¡Sin Dios ni Santa María!» Acompáñenme ustedes a rezar una salve por la herejía involuntaria que acabo de proferir.

Como un año estuvo presa la pícara sin querer confesar *ñizca*; pero ¿adónde había de ir ella a parar con el padre Pardiñas, sacerdote de mucha marraqueta que fue mi confesor y me lo contó todo en confianza? Niños, recen ustedes un padrenuestro y una avemaría por el alma del padre Pardiñas.

Como iba diciendo, quieras que no quieras, tuvo la bruja que beberse un jarro de aceite bendito, y entonces empezó a hacer visajes como una mona, y a vomitado todo, digo, que cantó de plano:, porque el demonio puede ser

**125**

remitente a cuanto le hagan, menos al óleo sagrado, que es santo remedio para hacerlo charlar más que un barbero y que un jefe de club eleccionario. Entonces declaró la San Diego que hacía diez años vivía (¡Jesús, María y José!) en concubinaje con Pateta. Ustedes no saben lo que es concubinaje, y ojalá nunca lleguen a saberlo. Por mi ligereza en hablar y habérseme escapado esta mala palabra, recen ustedes un credo en cruz.

También declaró que todos los sábados, al sonar las doce de la noche, se untaba el cuerpo con un menjurje, y que volando, volando se iba hacia el cerrito de las Ramas, donde se reunía con otros brujos y brujas a bailar deshonestamente y oír la Misa Negra.

¿No saben ustedes lo que es la Misa Negra? Yo no la he oído nunca, créanmelo; pero el padre Pardiñas, que esté en gloria, me dijo que Misa Negra era la que celebra el diablo, en figura de macho cabrío, con unos cuernos de a vara y más puntiagudos que aguja de colchonero. La hostia es un pedazo de carroña de cristiano, y con ella da la comunión a los suyos. No vayan ustedes, dormiloncitos, a olvidarse de rezar esta noche a las benditas ánimas del purgatorio y al ángel de la guarda, para que los libre y los defienda de brujas que chupan la sangre a los niños y los encanijan.

Lo recuerdo como si hubiera pasado esta mañana. ¡Jesucristo sea conmigo!

El domingo 27 de agosto de 1803 sacaron a la San Diego en burro y vestida de obispa. Pero como ustedes no han visto ese vestido, les diré que era una coroza en forma de mitra, y un saco largo que llamaban sambenito, donde estaban pintados, entre llamas del infierno, diablos, diablesas y culebrones. Dense ustedes tres golpecitos de pecho.

Con la San Diego salió otra picarona de su casta, tan hechicera y condenada como ella. Llamábase la Ribero, y era una vieja más flaca que gallina de diezmo con moquillo. Llegaron hasta Santo Domingo, y de allí las pasaron al beatorio de Copacabana. Las dos, murieron en esa casa, antes de que entrara la patria y con ella la herejía. Dios las haya perdonado.

Y fui y vine, y no me dieron nada... más que unos zapatitos de cabritilla, otros de plomo, y otros de caramelo; los de cabritilla me los calcé, los de plomo se los regalé al Patudo, y los de caramelo los guardé para ti y para ti.

Y ahora, pipiolitos, a rezar conmigo un rosario de quince misterios, y después entre palomas, y besando antes la mano a mamita y a papaíto, para que Dios los ayude y los haga unos benditos. *Amenemén, amén.*

## Altivez de limeña

Entre el señor conde de San Javier y Casa-Laredo y la cuarta hija del conde de la Dehesa de Velayos existían, por los años de 1780, los más volcánicos amores.

El de la Dehesa de Velayos, fundadas o infundadas, por razones tenía para no ver de buen ojo la afición del de San Javier por su hija doña Rosa, y esta terquedad paterna no sirvió sino para aumentar combustible a la hoguera. Inútil fue rodear a la joven de dueñas y rodrigones, argos y cerberos, y aun encerrarla bajo siete llaves, que los amantes hallaron manera para comunicarse y verse a hurtadillas, resultando de aquí algo muy natural y corriente entre los que bien se quieren. Las cuentas claras y el chocolate espeso... Doña Rosa tuvo un hijo de secreto.

Entre tanto corría el tiempo como montado en velocípedo, y fuese que en el de San Javier entrara el resfriamiento, dando albergue a nueva pasión, o que motivos de conveniencia y de familia pesaran en su ánimo, ello es que, de la mañana a la noche, salió el muy ingrato casándose con la marquesita de Casa-Manrique. Bien dice el cantarcillo:

No te fíes de un hombre
(de mí el primero),
y te lo digo, niña,
porque te quiero.

Doña Rosa tuvo la bastante fuerza de voluntad para ahogar en el pecho su amor y no darse para con el aleve por entendida del agravio, y fue a devorar sus lágrimas en el retiro de los claustros de Santa Clara, donde la abadesa, que era muy su amiga, la aceptó como seglar pensionista, corruptela en uso hasta poco después de la Independencia. Raras veces se llenaba la fórmula de solicitar la aquiescencia del obispo o del vicario para que las rejas de un monasterio se abriesen, dando libre entrada a las jóvenes o viejas que, por limitado tiempo, decidían alejarse del mundo y sustentaciones.

Algo más. En 1611 concedióse a la sevillana doña Jerónima Esquivel que profesase solemnemente en el monasterio de las Descalzas de Lima sin haber comprobado en forma su viudedad. A poco llegó el marido, a quien se tenía por difunto, y, encontrando que su mujer y su hija eran monjas descalzas, resolvió él meterse fraile franciscano, partido que también siguió su hijo. Este cuaterno monacal pinta con elocuencia el predominio de la Iglesia en aquellos tiempos y el afán de las comunidades para engrosar sus filas, haciendo caso omiso de enojosas formalidades.

No llevaba aún el de San Javier un año de matrimonio, cuando aconteció la muerte de la marquesita. El viudo sintió renacer en su alma su antigua pasión por doña Rosa y solicitó de ésta una entrevista, la que después de alguna resistencia, real o disimulada, se le acordó por la noble reclusa.

El galán acudió al locutorio, se confesó arrepentido de su gravísima falta, y terminó solicitando la merced de repararla casándose con doña Rosa. Ella no podía olvidar que era madre, y accedió a la demanda del condesito; pero imponiendo la condición sine qua non de que el matrimonio se verificase en la portería del convento, sirviendo de madrina la abadesa.

No puso el de San Javier reparos, desató los cordones de la bolsa, y en una semana estuvo todo allanado con la curia y designado el día para las solemnes ceremonias de casamiento y velación.

Un altar portátil se levantó en la portería, el arzobispo dio licencias para que penetrasen los testigos y convidados de ambos sexos, gente toda de alto coturno; y el capellán de las monjas, luciendo sus más ricos ornamentos, les echó a los novios la inquebrantable lazada.

Terminada la ceremonia, el marido, que tenía coche de gala para llevarse a su costilla, se quedó hecho una estantigua al oír de labios de doña Rosa esta formal declaración de hostilidades:

—Señor conde, la felicidad de mi hijo me exigía un sacrificio, y no he vacilado para hacerlo. La madre ha cumplido con su deber.

En cuanto a la mujer, Dios no ha querido concederla que olvide que fue vilmente burlada. Yo no viviré bajo el mismo techo del hombre que despreció mi amor y no saldré de este convento sino después de muerta.

El de San Javier quiso agarrar las estrellas con la mano izquierda, y suplicó y amenazó. Doña Rosa se mantuvo terca.

Acudió la madrina, y el marido, a quien se le hacía muy duro no dar un mordisco al pan de boda, la expuso su cuita, imaginándose encontrar en la abadesa persona que abogase enérgicamente en su favor. Pero la madrina, aunque monja, era mujer, y como tal comprendía todo lo que de altivo y digno había en la conducta de su ahijada.

—Pues, señor mío —le contestó la abadesa—, mientras estas manos empuñen el báculo abacial no saldrá Rosa del claustro sino cuando ella lo quiera.

El conde tuvo a la postre que marcharse desahuciado. Apeló a todo género de expedientes e influencias para que su mujer amainase, y cuando se convenció de la esterilidad de su empeño, por vías pacíficas y conciliatorias, acudió a los tribunales civiles y eclesiásticos.

Y el pleito duró años y años y se habría eternizado si la muerte del de San Javier no hubiera venido a ponerle término.

El hijo de doña Rosa entró entonces en posesión del \título y hacienda de su padre; y la altiva limeña, libre ya de escribanos, procuradores, papel de sello y demás enguinfingalfas que trae consigo un litigio, terminó tranquilamente sus días en los tiempos de Abascal, sin poner pie fuera del monasterio de las clarisas.

¡Vaya una limeñita de carácter!

## El mejor amigo..., un perro

**I**

Apuesto, lector limeño, a que entre los tuyos has conocido algún viejo de esos que alcanzaron el año del cometa (1807), que fue cuando por primera vez se vio en Lima perros con hidrofobia, y a que lo oíste hablar con delicia de la Perla sin compañera.

Sin ser yo todavía viejo, aunque en camino voy de serlo muy en breve, te diré que no solo he oído hablar de ella, sino que tuve la suerte de conocerla, y de que cuando era niña me regalara rosquetes y confituras. ¡Como que fue mi vecina en el Rastro de San Francisco!

Pero entonces la Perla ya no tenía oriente, y nadie habría dicho que esa anciana, arrugada como higo seco, fue en el primer decenio del siglo actual la más linda mujer de Lima; y eso que en mi tierra ha sido siempre óptima la cosecha de buenas mozas.

Allá por los años de 1810 no era hombre de gusto, sino tonto de caparazón y gualdrapa, quien no la echaba un piropo, que ella recibía como quien oye llover, pues callos tenía el tímpano de oír palabritas melosas.

Yo no acertaré a retratarla, ni hace falta. Bástame repetir con sus contemporáneos que era bellísima, pluscuambellísima.

Hasta su nombre era precioso. Háganse ustedes cargo: se llamaba María Isabel.

Y, sobre todo, tenía un alma de ángel y una virtud a prueba de tentaciones.

Disfrutaba de cómoda medianía, que su esposo no era ningún potentado, ni siquiera título de Castilla, sino un modesto comerciante en lencería.

Eso sí, el marido era también gallardo mozo y vestía a la última moda, muy currutaco y muy echado para atrás. Los envidiosos de la joya que poseía por mujer, hallando algo que criticar en su garbo y elegancia, lo bautizaron con el apodo de Niño de Gonces.

La parejita era como mandada hacer. Imagínate, lector, un par de tortolitas amarteladas, y si te gustan los buenos versos te recomiendo la pintura que de ese amor hace Clemente Althaus, en una de sus más galanas poesías que lleva por título Una carta de la Perla sin compañera.

## II

Llegó por ese año a Lima un caballero que andaba corriendo mundo y con el bolsillo bien provisto, pues se gastaba un dineral en solo las mixtureras. Después de la misa del domingo acostumbraban los limeños dar paseo por los portales de la plaza, bajo cuyas arcadas se colocaban algunas mulatas que vendían flores, mixturas, sahumerios y perfumes, y que aindamáis eran destrísimas zurcidoras de voluntades.

Los marquesitos y demás jóvenes ricos y golosos no regateaban para pagar un doblón o media onza de oro por una marimoña, un tulipán, un arirumba, un ramo de claveles disciplinados, un pucherito de mixtura o un cestillo enano de capulíes, nísperos, manzanitas y frutillas con su naranjita de Quito en el centro.

Oigan ustedes hablar de esas costumbres a los abuelitos. El más modesto dice: «¡Vaya si me han comido plata las mixtureras! Nunca hice el domingo con menos de una pelucona. Los mozos de mi tiempo no éramos comineros como los de hoy, que cuando gastan un real piden sencilla o buscan el medio vuelto. Nosotros dábamos hasta la camisa casi siempre, sin interés y de puro rumbosos; y bastábanos con que fuera amiga nuestra la dama que pasaba por el portal para que echásemos la casa por la ventana, y allá iba el ramo o el pucherito, que las malditas mixtureras sabían arreglar con muchísimo primor y gusto. Y después, ¿qué joven salía de una casa el día de fiesta sin que las niñas le obsequiasen la pastillita de briscado o el nisperito con clavos de olor, y le rociaran el pañuelo con agua rica, y lo abrumasen con mil finezas de la laya? ¡Aquella sí era gloria, y no la de estos tiempos de cerveza amarga y papel manteca!» Pero dejando a los abuelitos regocijarse con remembranzas del pasado, que ya vendrá para nuestra generación la época de imitarlos, maldiciendo del presente y poniendo por las nubes el ayer, sigamos nuestro relato.

Entre los asiduos concurrentes al Portal encontrábase nuestro viajero, cuya nacionalidad nadie sabía a punto fijo cuál fuese. Según unos, era griego; según otros, italiano, y no faltaba quien lo creyese árabe.

Llamábase Mauro Cordato. Viajaba sin criado y en compañía de un hermoso perro de aguas, del cual jamás se apartaba en la calle ni en visitas;

cuando concurría al teatro, compraba en la boletería entrada y asiento para su perro, que, la verdad sea dicha, se manejaba durante el espectáculo como toda una persona decente.

El animal era, pues, parte integrante o complementaria del caballero, casi su alter ego; y tanto, que hombres y mujeres decían con mucha naturalidad y como quien nada de chocante dice: «Ahí van Mauro Cordato y su perro».

## III

Sucedió que un domingo, después de oír misa en San Agustín, pasó por el Portal la Perla sin compañía, de bracero con su dueño y señor el Niño de Gonces. Verla Mauro Cordato y apasionarse de ella furiosamente todo fue uno. Escopetazo a quemarropa y... ¡aliviarse!

Echóse Mauro a tomar lenguas de sus amigos y de las mixtureras más conocedoras y ladinas, y sacó en claro el consejo de que no perdiera su tiempo emprendiendo tal conquista, pues era punto menos que imposible alcanzar siquiera una sonrisa de la esquiva limeña.

Picóse el amor propio del aventurero, apostó con sus camaradas a que él tendría la fortuna de rendir la fortaleza, y desde ese instante, sin darse tregua ni reposo, empezó a escaramucear.

Pasaron tres meses, y el galán estaba tan adelantado como el primer día. Ni siquiera había conseguido que lo calabaceasen en forma, pues María Isabel no ponía pie fuera de casa sino acompañada de su marido; ni su esclava se habría atrevido, por toda la plata del Potosí, a llevarla un billete o un mensaje; ni en su salón entraba gente libertina, de este o del otro sexo, que era el esposo hombre que vivía muy sobre aviso y no economizaba cautela para alejar moro de la costa.

Mauro Cordato, que hasta entonces se había creído sultán del gallinero, empezaba a llamar al diablo en su ayuda. Había el libertino puesto en juego todo su arsenal de ardides, y siempre estérilmente.

Y su pasión crecía de minuto en minuto. ¡Qué demonche! No había más que dar largas al tiempo, y esperar sin desesperarse, que por algo dice la copla:

Primero hizo Dios al hombre

y después a la mujer;
primero se hace la torre
y la veleta después.

## IV

Acostumbraba María Isabel ir de seis en seis meses a la Recolección de los descalzos, donde a los pies de un confesor depositaba los escrúpulos de su alma, que en ella no cabía sombra de pecado grave.
En la mañana del 9 de septiembre de 1810 encaminóse, seguida de su esclava, al lejano templo.
Pero la casualidad, o el diablo, que no duerme, hizo que Mauro Cordato y su perro estuvieran también respirando la brisa matinal y paseándose por la extensa alameda de sauces que conducía a la Recolección franciscana.
El osado galán encontró propicia la oportunidad para pegarse a la dama de sus pensamientos, como pulga a la oreja, y encarecer la los extremos de la pasión que le traía sorbido el seso.
Pensado y hecho. El hombre no se quedó corto en alambicar conceptos; pero María no movió los labios para contestarle, ni lo miró siquiera, ni hizo de sus palabras más caso que del murmullo del agua de la Puente-Amaya.
Encocoróse Mauro de estar fraseando con una estatua, y cuando vio que la joven se encontraba a poquísima distancia de la portería del convento, la detuvo por el brazo, diciéndola:
—De aquí no pasas sin darme una esperanza de amor.
—¡Atrás, caballero! —contestó ella desasiéndose con energía de la tosca empuñada del mancebo—. Está usted insultando a una mujer honrada y que jamás, por nadie y por nada, faltará a sus deberes.
El despecho ofuscó el cerebro del aventurero, y sacando un puñal lo clavó en el seno de María.
La infeliz lanzó un grito de angustia, y cayó desplomada.
La esclava echó a correr, dando voces, y la casi siempre solitaria (hoy como entonces) Alameda fue a poco llenándose de gente.
Mauro Cordato, apenas vio caer a su víctima, se arrodilló para socorrerla, exclamando con acento de desesperación:

«¡Qué he hecho, Dios mío, qué he hecho! He muerto a la que era vida de mi vida».

Y se arrancaba pelos de la barba y se mordía los labios con furor.

Entre tanto, la muchedumbre se arremolinaba gritando: «¡Al asesino, al asesino!», y a todo correr venía una patrulla por el beaterio del Patrocinio.

Mauro Cordato se vio perdido.

Sacó del pecho un pistolete, lo amartilló y se voló el cráneo.

Tableau!, como dicen los franceses.

## V

La herida de la Perla sin compañera no fue mortal; pues, afortunadamente para ella, el arma se desvió por entre las ballenas del monillo. Como hemos dicho, la conocimos en 1839, cuando ya no era ni sombra de lo que fuera.

Hacía medio siglo, por lo menos, que no se daba en Lima el escándalo de un suicidio. Calcúlese la sensación que éste produciría. De fijo que proporcionó tema para conversar un año; que, por entonces, los sucesos no envejecían, como hoy, a las veinticuatro horas.

Tan raro era un suicidio en Lima, que formaba época, digámoslo así. En este siglo, y hasta que se proclamó la Independencia, solo había noticia de dos: el de Mauro Cordato y el de don Antonio de Errea, caballero de la orden de Calatrava, regidor perpetuo del Cabildo, prior del Tribunal del Consulado y tesorero de la acaudalada congregación de la O. Errea, que en 1816 ejercía el muy honorífico cargo de alcalde de la ciudad, llevaba el guión o estandarte en una de las solemnes procesiones de catedral, cuando tuvo la desdicha de que un cohete o volador mal lanzado le reventara en la cabeza, dejándolo sin sentido. Parece que, a pesar de la prolija curación no quedó con el juicio muy en sus cabales, pues, en 1819, subióse un día al campanario de la Merced y dio el salto mortal. Los maldicientes de esa época dijeron... (yo no lo digo, y

dejo la verdad en su sitio), dijeron... (y no hay que meterme a mí en la danza ni llamarme cuentero, chismoso y calumniador...).

Conque decíamos que los maldicientes dijeron... (y repito que no vaya alguien a incomodarse y agarrarla conmigo) que la causa de tal suicidio fue el haber confiado Errea a su hijo político, que era factor de la real Compañía de

Filipinas, una gruesa suma perteneciente a la congregación de la O, dinero que el otro no devolvió en la oportunidad precisa.

La iglesia dispuso que el cadáver de Mauro Cordato no fuera sepultado en lugar sagrado, sino en el cerrito de las Ramas.

Ni los compañeros de libertinaje, con quienes derrochara sus caudales el infeliz joven, dieron muestra de aflicción por su horrible desventura. Y eso que, en vida, contaba los amigos por docenas.

Rectifico. La fosa de Mauro Cordato tuvo durante treinta días un guardián leal que no permitió que se acercase nada a profanarla: que se mantuvo firme en su puesto, sin comer ni beber, como el centinela que cumple con la consigna y que al fin quedó sobre la tumba muerto de inanición.

Desde entonces, y no sin razón, los viejos de Lima dieron en decir: «El mejor amigo..., un perro».

**Una moza de rompe y raja**

**I. El primer papel moneda**
Sin la noticias histórico-económicas que voy a consignar, y que vienen de perilla en estos tiempos de bancario desbarajuste, acaso sería fatigoso para mis lectores entender la tradición.

A principios de 1822, la causa de la Independencia corría grave peligro de quedar como la gallina que formó alharaca para poner un huevo, y ése huero. Las recientes atrocidades de Carratalá en Cangallo y de Maroto en Potosí, si bien es cierto que retemplaron a los patriotas de buena ley, trajeron algún pánico a los espíritus débiles y asustadizos. San Martín mismo, desconfiando de su genio y fortuna, habíase dirigido a Guayaquil en busca de Bolívar y de auxilio colombiano, dejando en Lima, el cargo del gobierno, al gran mariscal marqués de Torretagle.

Hablábase de una formidable conspiración para entregar la capital al enemigo; y el nuevo Gobierno, a quien los dedos se le antojaban huéspedes, no solo adoptó medidas ridículas, como la prohibición de que usasen capas los que nos habían jurado la Independencia, sino que recurrió a expedientes extremos y terroríficos. Entre éstos enumeraremos la orden mandando salir del país a los españoles solteros, y el famoso decreto que redactó don Juan Félix Berindoaga, conde de San Donás, barón de Urpín y oficial mayor de un ministerio. Disponía este decreto que los traidores fuesen fusilados y sus cadáveres colgados en la horca, ¡Misterios del destino! El único n quien, cuatro años más tarde, debió tener tal castigo cumplida ejecución fue en el desdichado Berindoaga, autor del decreto.

Estando Paseo y Potosí en poder de los realistas, la casa de Moneda no tenía barras de plata que sellar, y entre los grandes políticos y financistas de la época surgió la idea salvadora de emitir papel moneda para atender a los gastos de la guerra. Cada uno estornuda como Dios lo ayuda.

El pueblo, a quien se le hacía muy cuesta arriba concebir que un retazo de papel puede reemplazar al metal acuñado, puso el grito en el séptimo cielo: y para acallado fue preciso que don Bernardo de Torretagle escupiese por el colmillo, mandando promulgar el 1.º de febrero un bando de espantamoscas, en el cual se determinaban las penas en que incurrían los que, en adelante, no recibiesen de buen grado los billetes de a dos y cuatro reales, únicos que se pusieron en circulación.

La medida produjo sus efectos. El pueblo refunfuñaba, y poniendo cara de vinagre agachó la cabeza y pasó por el aro; mientras que los hombres de palacio, satisfechos de su coraje para imponer la ley a la chusma, se pusieron, como dice la copla, del *coup de nez*.

en la nariz el pulgar
y los demás en hilera
y... perdonen la manera
de señalar.

Sin embargo, temió el gobierno que la mucha tirantez hiciera reventar la soga, y dio al pueblo una dedada de miel con el nombramiento de García del Río, quien marcharía a Londres para celebrar un empréstito, destinado a la amortización del papel y a sacar almas del purgatorio. El comercio, por su parte, no se echó a dormir el sueño de los justos, y entabló gestiones; y al cabo de seis meses de estudiarse el asunto, se expidió el 13 de agosto un decreto para que el papel (que andaba tan despreciado como los billetes de hoy) fuese recibido en la Aduana del Callao y el Estanco de Tabacos. ¡Bonito agosto hicieron los comerciantes de buen olfato! Eso sí que fue andar al trote para ganarse el capote.

Cierto es que San Martín no intervino directamente en la emisión del papel moneda; pero el cándido pueblo, que la da siempre de malicioso y de no tragar anchoveta por sardina, se le puso en el magín que el Protector había sacado la brasa por mano ajena, y que él era el verdadero responsable de la no muy limpia operación. Por eso, cuando el 20 de agosto, de regreso de su paseo a Guayaquil, volvió San Martín a encargarse del mando, apenas si hubo señales de alborozo público. Por eso también el pueblo de Lima se había reunido poco antes en la Plaza mayor, pidiendo la cabeza de Monteagudo, quien libró de la borrasca saliendo camino del destierro. Obra de este ministro fue el decreto de 14 de diciembre de 1821 que creaba el Banco nacional de emisión.

Fue bajo el gobierno del gran mariscal Riva Agüero cuando, en marzo de 1823; a la vez que llegaba la noticia de quedar en Londres oleado y sacramentado el empréstito, resolvió el Congreso que se sellara (por primera vez en el Perú) medio millón de pesos en moneda de cobre para amortizar el papel, del que, después de destruir las matrices, se quemaron diariamente en la puerta de la Tesorería billetes por la suma de quinientos pesos hasta quedar extinguida la emisión.

Así se puso término entonces a la crisis, y el papel con garantía o sin garantía del Estado, que para el caso da lo mismo, no volvió a parecer hasta que... Dios fue servido de enviarnos plétora de billetes de Banco y eclipse total de monedas. Entre los patriotas y los patrioteros hemos dejado a la patria en los huesos y como para el carro de la basura.

Pero ya es hora de referir la tradición, no sea que la pluma se deslice y entre en retozos y comparaciones políticas, de suyo peligrosas en los tiempos que vivimos.

### II. La «Lunareja»

Más desvergonzada que la Peta Winder de nuestros días fue, en 1822, una hembra, de las de navaja en la liga y pata de gallo en la cintura, conocida en el pueblo de Lima con el apodo de la Lunareja, y en la cual se realizaba al pie de la letra lo que dice el refrán:

Mujer lunareja
mala hasta vieja.

Tenía la tal un tenducho o covachuela de zapatos en la calle de Judíos, bajo las gradas de la Catedral. Eran las covachuelas unos chiribitiles subterráneos que desaparecieron hace pocos años, no sin resistencia de los canónigos, que percibían el arrendamiento de esas húmedas y feísimas madrigueras.

Siempre que algún parroquiano llegaba al cuchitril de Gertrudis la Lunareja, en demanda de un par de zapatos de orejita, era cosa de taparse los oídos con algodones para no escucharla echar por la boca de espuerta que Dios la dio sapos, culebras y demás sucias alimañas. A pesar del riguroso bando conminatorio, la zapatera se negaba resueltamente a recibir papelitos, aderezando su negativa con una salsa parecida a esta:

—Miren, miren al ladronazo de Ño San Martín, que, no contento con desnudar a la Virgen del Rosario, quiere llevarse la plata y dejarnos cartoncitos imprentados... ¡La perra que lo parió al muy pu... chuelero!

Y la maldita, que era goda hasta la médula de los huesos, concluía su retahíla de insultos contra el Protector cantando a grito herido una copla del mizmiz, bailecito en boga, en la cual se le zurraba la badana al supremo delegado marqués de Torretagle.

Peste de pericotes
hay en tu cuarto;
deja la puerta abierta,
yo seré el gato.

¡Muera la patria!
¡Muera el marqués!
¡Que viva España!
¡Que viva el rey!

¡Canario! El cantarcito no podía ser más subversivo en aquellos días, en que la palabra rey quedó tan proscrita del lenguaje, que se desbautizó al peje-rey para llamarlo peje-Patria, y al pavo real se le confirmó ton el nombre de pavo nacional.

Los descontentos que a la sazón pululaban aplaudían las insolencias y obscenidades de la Lunareja, que propiedad de pequeños y cobardes es festejar la inmundicia que los maldicientes escupen sobre las espaldas de los que están en el poder. Así envalentonada la zapatera, acrecía de hora en hora el atrevimiento, haciendo huesillo a los agentes de Policía, que, de cuando en cuando, la amonestaban para que no escandalizase al patriota y honesto vecindario.

Impuesta de todo la autoridad, vaciló mucho el desgraciado Torretagle para poner coto al escándalo. Repugnaba a su caballerosidad el tener que aplicar las penas del bando en una mujer.

El alcalde del barrio recibió al fin orden de acercarse a la Lunareja y reprenderla; pero ésta, que, como hemos dicho, tenía lengua de barbero, afilada y cortadora, acogió al representante de la autoridad con un aluvión de dicterios tales, que al buen alcalde se le subió la mostaza a las narices, y llamando a cuatro soldados hizo conducir, amarrada y casi arrastrando, a la procaz zapatera a un calabozo de la cárcel de la Pescadería. Lo menos que le dijo a su merced fue:

Usía y mi marido van a Linares
a comprar cuatro bueyes:
vendrán tres pares.

Vivos hay todavía y comiendo pan de la patria (que así llamaban en 1822 al que hoy llamamos pan de hogaza) muchos que presenciaron los verídicos sucesos que relatados dejo, y al testimonio de ellos apelo para que me desmientan, si en un ápice me aparto de la realidad histórica.

Al siguiente día (22 de febrero) levantóse por la mañana en la Plaza mayor de Lima un tabladillo con un poste en el centro. A las dos de la tarde, y entre escolta de soldados, sacaron de la Pescadería a la Lunareja.

Un sayón o ministril la ató al poste, y le cortó el pelo al rape. Durante esta operación lloraba y se retorcía la infeliz, gritando:

—¡Perdone mi amo Torretagle, que no lo haré más!

A lo que los mataperritos que rodeaban el tabladillo, azuzan do al sayón que manejaba tijera y navaja, contestaban en coro:

Dele, maestro, dele,
hasta que cante el miserere.

Y la Lunareja, pensando que los muchachos aludían al estribillo del mizmiz, se puso a cantar, y como quien satisface cantando la palinodia:

¡Viva la patria de los peruanos!
¡Mueran los godos, que son tiranos!

Pero la granujada era implacable y comenzó a gritar con especial sonsonete:

¡Boca dura y pies de lana! Dele, maestro, hasta mañana.

Terminada la rapadura, el sayón le puso a Gertrudis una canilla de muerto por mordaza, y hasta las cuatro de la tarde permaneció la pobre mujer expuesta a la vergüenza pública.

Desde ese momento nadie se resistió a recibir el papel moneda.

Parece que mis palabras aprovecharon de la lección en cabeza ajena, y que no murmuraron más de las cosas gubernamentales.

## III. El fin de una moza tigre

Cuando nosotros los insurgentes perdimos las fortalezas del Callao, por la traición de Moyano y Oliva, la Lunareja emigró al Real Felipe, donde Rodilla asignó sueldo de tres pesetas diarias y ración de oficial.

El 3 de noviembre de 1824 fue día nefasto para Lima por culpa del pantorrilludo Urdaneta, que proporcionó a los españoles gloria barata. El brigadier don Mateo Ramírez, de feroz memoria, sembró cadáveres de mujeres, y niños, y hombres inermes en el trayecto que conduce de la portada del Callao a las plazas de la Merced y San Marcelo. Las viejas de Lima se estremecen aún de horror cuando hablan de tan sangrienta hecatombe.

Gertrudis la Lunareja fue una de aquellas furiosas y desalmadas bacantes que vinieron ese día con la caballería realista que mandaba el marqués de Valleumbroso, don Pedro Zabala, y que, como refiere un escritor contemporáneo, cometieron indecibles obscenidades con los muertos bailando en tomo de ellos la mariposa y el agua de nieve.

El 22 de enero de 1826, fecha en que Rodil firmó la capitulación del Callao, murió la Lunareja, probablemente atacada de escorbuto, como la mayoría de los que se encerraron en aquella plaza. Mas, por entonces, se dijo que la zapatera había apurado un veneno y preferido la muerte a ver ondear en los castillos el pabellón de la República.

La Lunareja exhaló el último aliento gritando: «¡Viva el rey!»

## La excomunión de los alcaldes de Lima

I

En mitad de la calle del Milagro había, por los años de 1717, una casa de humilde apariencia, vecina la de Pilatos.
Ocupaban la casita del Milagro una vieja con más pliegues y arrugas que camisolín de novia, y su sobrina Jovita, la chica más linda para quien amasaban pan los panaderos de esa época.

Doña O, que tal era el nombre de la tía, era beata de la Orden Tercera y de aquellas que, al andar por la calle, se inclinan con frecuencia al suelo para separar las pajitas, diciendo, como la *Ña* Catita de una preciosa comedia de Manuel Segura:

...aquí hay una cruz:
no la vayan a pisar.

Doña O no admitía en su casa más visita masculina que la de algunos frailes cogotudos y la de don Alonso Esquivel, con quien la vieja andaba en arreglos para casarlo con la sobrina. Pero Jovita se había encaprichado en no querer para marido a hombre que, amén de peinar canas y sufrir de reuma gotoso, exhalaba olor, a cera de sacristía. Decía la mocita que los viejos son como los cuernos: duros, huecos y retorcidos. Melindres aparte, yo diré a ustedes en confianza que si la niña hacía fieros al cascado galán era por tener sus dares y tomares con un buen mozo llamado don Juan Manuel Ballesteros, por quien doña O experimentaba más tirria que el diablo por el agua bendita. Jovita era tan firme en su querer, que no parece sino que para ella se escribieron estas coplas:

El Padre Santo de Roma
me dijo que no te amara,
y le dije: —Padre mío,
aunque me recondenara.

Y el padre Santo me dijo

que te deje, que te deje,
y contesté: —Padre mío,
con la muerte, con la muerte.

El don Alonso Esquivel había sido secretario de cartas y favorito del virrey arzobispo don fray Diego Morcillo Rubio de Auñón, en los cincuenta días que duró su gobierno hasta la llegada del príncipe de Santo Buono, nombrado virrey en propiedad. Después del interinato político pasó Esquivel a desempeñar el empleo de mayordomo de su ilustrísima, quien a la sazón se preparaba para regresar a su diócesis de La Plata. Además, el de Esquivel blasonaba de nobleza y lucía escudo cortado: el primer cuartel en oro con un águila en sable; y el segundo en azur con cuatro barras de oro, que son las armas del apellido Esquivel. Como se ve, no era don Alonso ningún majagranzas pobretón, sino todo un personaje.

Entre la tía, que patrocinaba los amores de éste, y la sobrina, reacia en desahuciado, sosteníase diariamente cruda batalla. Baste, para formar idea del carácter de esa lucha, el oír parte de la conversación que, en la tarde del 16 de junio de 1717, tenían en la puerta de la calle la beata y su protegido:

—Fibra, mi señora doña O, mucha fibra, si no quiere usted que esa descocada y ese mozo libertino hagan chichirimico de nosotros. Córtela usted las trenzas, y al convento con ella, que ya la madre abadesa sor Estefanía de los Clavos está prevenida y se pinta sola para domeñar doncellitas levantiscas.

—Así se hará como vuesa merced me lo aconseja, mi señor don Alonso. Mañana mismo dormirá Jovita en las bemardas de la Santísima Trinidad.

Amén licencia del vicario para que la moza sea recibida en el santo claustro. Beso a usted la mano, mi señora doña O.

—Acompañe Dios al caballero.

## II

Tocaban las ocho en San Francisco cuando tía y sobrina salían de la Salve de la Soledad.

En la plazuela, oscurísima como es de imaginarse en aquellos tiempos en que no se conocía en Lima sistema alguno de alumbrado público, encontrábase un embozado, quien con el disimulo propio de experto conquistador se acercó a Jovita, le dio una carta y recibió otra. Por supuesto que doña O no echó de ver aquella actividad de estafetas, que gente moza y enamoradiza se la pega hasta al demonio en figura de beata y semisuegra.

El galán siguió su camino y entró en la botica de la esquina, donde había constante tertulia de ociosos jugando a las damas o murmurando de la vida ajena. Allí, a la luz del farolillo, leyó este billetico:

«Juan, sálvame, por Dios. Mañana me cierra la tía en la Trinidad. Esta noche traerá don Alonso la licencia».

Ballesteros quedóse gran rato pensativo, y luego, como quien ha adoptado una resolución, despidióse de los contertulios, que tenían sus cinco sentidos puestos en el tablero, engolfados en un lance de dama chancho, y enderezó a la calle del Milagro.

En ese instante don Alonso Esquivel llegaba a la puerta de la casa de Jovita cuando se le interpuso un embozado.

—Una palabra, señor mayordomo.

—Hable, señor mío.

—Vuesa merced trae encima un papel que, ¡por Dios vivo!, ha de entregarme.

—Hablara vuesa merced con buenos modos, y acaso nos enredáramos en razones; pero mire cómo ha de ser, que yo a impertinencias tales no acostumbro dar respuesta.

Y don Alonso volvió la espalda y se dispuso a pasar el quicio de la puerta; mas Ballesteros le cogió del brazo y le hundió en el pecho la hoja de su daga.

Esquivel se desplomó, gritando:

—¡Muerto soy!... ¡Cristo me valga!

## III

El asesino emprendió la fuga y tomó asilo en el convento de los padres Descalzos, donde contaba con deudos y amigos que lo amparasen.

Alcalde de primer voto era don García de Híjar y Mendoza, conde de Villanueva del Soto, noble tan de primera agua, que en su escudo de gules ostentaba nada menos que las armas de Aragón y Navarra, favorecedor de Esquivel e íntimo amigo del trinitario Rubio de Auñón. Su señoría alborotó a los cabildantes, y los dos alcaldes ordinarios se dirigieron a los frailes

Descalzos reclamando la persona del reo; pero los religiosos contestaron con un arsenal de latines. Los alcaldes, a quienes poco se les alcanzaba de la lengua de Horacio y Cicerón, hicieron caso omiso de textos y versículos; y seguidos de escribanos y alguaciles encamináronse a los Descalzos, pusieron esbirros en el cerrito de las Ramas y penetraron en la iglesia, donde Ballesteros se había refugiado al pie de un altar y abrazádose a un crucifijo. Los alcaldes nada respeta ron, y el pobre don Juan Manuel, atado codo con codo, fue conducido a la cárcel de la Pescadería.

El arzobispo de Lima don Antonio de Zuloaga y el Cabildo eclesiástico, que por entonces tenían sus quisquillas con el Cabildo de la ciudad y que además no partían de un confite con el señor Rubio de Auñón (quien, corriendo los años, llegó también a ser arzobispo de Lima, y les puso las petas a cuarto a los canónigos), tomaron la cosa muy a pechos, e inmediatamente mandaron tocar entredicho en todas las iglesias de Lima y notificar a los alcaldes, dándoles una hora de plazo para devolver el reo al santo asilo.

Aquello era un proceder muy ejecutivo. Nada de pañitos calientes.

Aunque los alcaldes alegaron después, en su defensa, que no habían recibido en hora oportuna la notificación, la verdad es que se hicieron sordos a ella, y sin pararse en barras sometieron al infeliz Ballesteros a cuestión de tormento, que no debió ser muy blando, porque el reo se les quedó entre las manos tan muerto como Mahoma.

Pero a las ocho de la noche de este día, que fue el 21 de junio, sus señorías los alcaldes ordinarios sintieron frío de terciana, y estaban sin tener quién les valiese ni santo a quién encomendarse. «Con horror y estrépito nunca visto —dice un cronista— efectuóse esa noche la tremenda ceremonia de anatema, que se ejecutó procesionalmente con cruz alta y cirios verdes.»

Allí fue el crujir de dientes. Ni el virrey, ni los oidores, ni los cabildantes atinaban a salvar la situación.

Cuéntase del arzobispo virrey, y aun creemos haberlo leído en la Vida de la madre Antonia, fundadora de Nazarenas, que cuando le presentaron la real licencia para la erección del monasterio, dijo: «¡No en mis días!, que las nazarenas son malas para beatas y peores para monjas». Y, en efecto, la fundación vino a autorizarse en tiempos del virrey marqués de Castelfuerte, no sin oposición del arzobispo de Lima, que lo era a la sazón el que como mandatario político había dicho: «¡No en mis días!» Hemos apuntado este hecho para probar que el señor Rubio de Auñón no contaba con muchas simpatías entre la gente devota, y, por tanto, la muerte de su mayordomo era menos lamentada por el pueblo que el infortunio de su matador. Los excomulgados alcaldes se vieron comidos de piojos, y gracias que libraron de que la beatería los hiciese trizas. Lima estaba casi amotinada contra ellos, y el virrey príncipe de Santo Buono; que no las tenía todas consigo, empezaba a desesperar.

Por fin, el día 23 se reunió, bajo la presidencia del arzobispo Zuloaga, un consejillo de teólogos, el que, más por ruegos del virrey y porque no tomase mayores creces la turbulencia popular, convino, tras larga y acalorada discusión, en que el cura del Sagrario absolviese a los alcaldes.

Después de humillación tamaña todavía les cayó otra más gorda a los alcaldes. El rey les envió un pax-christi de esos de chuparse los dedos de gusto, y como quien dice: «Ahítate, glotón, con esas guindas», los privaba perpetuamente de ejercer cargos de justicia y los multaba en mil duros, amén de otras pequeñas gurruminas enviieltas en frasecitas de acíbar y rejalgar.

## IV

—Y ¿qué me dice usted de Jovita y de doña O?

—¡Hombre! ¡Vaya una curiosidad impertinente! Supongo que la chica se consolaría y que a la vieja se la llevaría Pateta.

## El rosal de Rosa

A mi hija Augusta

Por los años de 1581, el griego Miguel Acosta y los navieros y comerciantes de Lima hicieron una colecta que, en menos de dos meses, subió a cuarenta mil pesos, para fundar un hospital destinado a la asistencia de marineros, gente toda que al llegar a América pagaba la chapetonada, frase con la que nuestros mayores querían significar que el extranjero, antes de aclimatarse, era atacado por la terciana y por lo que entonces se llamaba bicho alto y hoy disentería; Establecióse así el hospital del Espíritu Santo, suprimido en 1821, y que desde entonces ha servido de Museo Nacional, de colegio para señoritas, de Escuela Militar, de Filarmónica, de cuartel, de comisaría, etc. Los pontífices acordaron al hospital del Espíritu Santo gracias y preeminencias que no dispensaron a otros establecimientos de igual carácter en Lima.

Al respaldo del sitio en que se edificó el hospital quedaba un lote espacioso, en el cual el propietario Gaspar Flores edificó toscamente (que don Gaspar no era rico para emprender lujosa fábrica) unos pocos cuartuchos, en uno de los cuales naciera el 30 de abril de 1586 su hija Isabel, o sea Santa Rosa de Lima, siendo pontífice Sixto V; rey de España y sus colonias Felipe II; arzobispo de Lima Toribio de Mogrovejo y gobernando la Real Audiencia, por muerte del virrey, don Martín Enríquez, el Gotoso, aquel que después de veintiún meses de gobierno se fue al mundo de donde no se vuelve sin haber hecho nada de memorable en el país. Fue que los gobernantes que, en punto a obras públicas, realizan la de adoquinar la vía láctea y secar el océano con una esponja.

Gran espacio de terreno ocioso quedaba en el caserón de don Gaspar Flores, que su hija supo convertir en huerto y jardinillo.

Por aquel siglo, más afición tenían en Lima al cultivo de árboles frutales que a la floricultura, y tanto, que en los jardines domésticos, que públicos no los había, apenas si se veían plantas, de esas que no reclaman esmero. La flor de lujo era el clavel en toda su variedad de especies.

Las rosas no se producían en el Perú, pues, según lo afirma Garcilaso en sus Comentarios Reales, los jazmines, mosquetas, clavelinas, azucenas y rosas no eran conocidos antes de la conquista. Grande fue, pues, la sorpresa de la virgen limeña cuando se encontró con que espontáneamente había brotado un rosal en su jardinillo; y rosal fue, que sus retoños se proveyeron las familias para embellecer corredores y las limeñas para adornar sus rizas, negras y profusas cabelleras.

Y tan a la moda pusiéronse las rosas, que el empirismo médico descubrió en ellas admirables propiedades medicinales, y las hojas secas de la flor se guardaban como oro en paño para emplearlas en el alivio o curación de complicadas dolencias.

Mendiburu, en su artículo Lozano, dice que las primeras rosas que se produjeron en Lima fueron las del jardín del Espíritu Santo, confundiendo éste, por la vecindad, con el de nuestra egregia limeña.

Cuentan que cuando en 1669 presentaron al Papa Clemente IX el expediente para la beatificación de Rosa, no supo disimular el Padre Santo una ligera desconfianza, y murmuró entre dientes:

—¿Santa? ¿Y limeña? ¡Hum, hum! Tanto daría una lluvia de rosas.

Y el milagro fue patente, porque perfumadas hojas de rosa cayeron sobre la mesa de Su Santidad.

Añaden que nació de este incidente el entusiasmo del Papa por Rosa de Lima; pues en dos años expidió, amén del breve para su beatificación (12 de febrero de 1669), otros seis en honor de nuestra compatriota. El último fue nombrándola patrona de Lima y del Perú, y reformando la constitución de Urbano VIII para acelerar los trámites de canonización, la que realizó su sucesor, Clemente X, en 1671, junto con la de San Francisco de Borja, duque de Gandía y general de los jesuitas. Santa Rosa fue canonizada a los cincuenta y cuatro años de su fallecimiento.

Muerto Clemente IX en diciembre de 1669, hallóse en su testamento un fuerte legado para construir en Pistoya, su ciudad natal, una espléndida capilla a Santa Rosa de Lima.

El dominico Parra, en su Rosa Laureada, impresa en Madrid en 1760, dice que la primera firma que como monarca puso Felipe II fue para pedir la beatificación de Rosa y añade que el 7 de octubre de 1668, día en que celebraron los madrileños las fiestas de beatificación, se vio lucir una estrella vecina al Sol.

Cuando en febrero de 1672, siendo virrey el conde de Lemus, marqués de Sarria y duque de Taurifanco con grandeza de España, se efectuaron las fiestas solemnes de canonización, las calles de Lima fueron pavimentadas con barras de plata, estimándose, según lo afirman cronistas que presenciaron las fiestas, en ocho millones de pesos el valor de ellas y el de las alhajas que adornaban los arcos y altares.

Fue entonces cuando don Pedro de Valladolid y don Andrés Vilela, propietarios a la sazón de la casa y jardinillo, cedieron el terreno para que en él se edificase el Santuario de Rosa de Lima.

El rosal que ella cultivara se trasplantó al jardín que tienen los padres dominicos en el claustro principal de su convento.

## Los ratones de fray Martín

Y comieron en un plato
perro, pericote y gato.

Con este pareado termina una relación de virtudes y milagros que en hoja impresa circuló en Lima, allá por los años de 1840, con motivo de celebrarse en nuestra culta y religiosa capital las solemnes fiestas de beatificación de fray Martín de Porres.

Nació este santo varón en Lima el 9 de diciembre de 1579, y fue hijo natural del español don Juan de Porres, caballero de Alcántara, en una esclava panameña. Muy niño Martincito, llevólo su padre a Guayaquil, donde en una escuela, cuyo dómine hacía mucho uso de la cáscara de novillo, aprendió a leer y escribir. Dos o tres años más tarde, su padre regresó con él a Lima y púsolo a aprender el socorrido oficio de barbero y sangrador, en la tienda de un rapista de la calle de Malambo.

Mal se avino Martín con la navaja y la lanceta, si bien salió diestro en su manejo, y optando por la carrera de santo, que en esos tiempos era una profesión como otra cualquiera, vistió a los veintiún años de edad el hábito de lego o donado en el convento de Santo Domingo, donde murió, el 3 de noviembre de 1639, en olor de santidad.

Nuestro paisano Martín de Porres, en vida y después de muerto, hizo milagros por mayor. Hacía milagros con la facilidad con que otros hacen versos. Uno de sus biógrafos (no recuerdo si el padre Manrique o el médico Valdés) dice que el prior de los dominicos tuvo que prohibirle que siguiera milagreando (dispénsenme el verbo). Y para probar cuán arraigado estaba en el siervo de Dios el espíritu de obediencia, refiere que en momentos de pasar fray Martín frente a un andamio, cayóse un albañil desde ocho o diez varas de altura, y que nuestro lego lo detuvo a medio camino gritando: «¡Espere un rato, hermanito!» Y el albañil se mantuvo en el aire hasta que regresó fray Martín con la superior licencia.

—¿Buenazo el milagrito, eh? Pues donde hay bueno, hay mejor.

Ordenó el prior al portentoso donado que comprase, para consumo de la enfermería, un pan de azúcar. Quizá no le dio el dinero preciso para proveerse de la blanca y refinada, y presentósele fray Martín trayendo un pan de azúcar moscabada.

—¿No tienes ojos, hermano? —díjole el superior—. ¿No ha visto que por lo prieta más parece chancaca que azúcar?

—No se incomode su paternidad —contestó, con cachaza, el enfermero—. Con lavar ahora mismo el pan de azúcar, se remedia todo.

Y, sin dar tiempo a que el prior le arguyese, metió en el agua de la pila el pan de azúcar, sacándolo blanco y seco.

¡Ea!, no me hagan reír, que tengo partido un labio.

Creer o reventar. Pero conste que yo no le pongo al lector puñal al pecho para que crea. La libertad ha de ser libre, como dijo un periodista de mi tierra. Y aquí noto que, habiéndome propuesto solo hablar de los ratones sujetos a la jurisdicción de fray Martín, el santo se me estaba yendo al cielo. Punto con el introito y al grano, digo; a los ratones.

Fray Martín de Porres tuvo especial predilección por los pericotes, incómodos huéspedes que nos vinieron casi junto con la conquista; pues hasta el año de 1552 no fueron esos animalejos conocidos en el Perú. Llegaron de España en uno de los buques que, con cargamento de bacalao, envió a nuestros puertos un don Gutierre, obispo de Palencia. Nuestros indios bautizaron a los ratones con el nombre de hucuchas, esto es, salidos del mar.

En los tiempos barberiles de Martín, un pericote era todavía casi una curiosidad, pues, relativamente, la familia ratonesca principiaba a multiplicar. Quizá desde entonces encariñóse por los roedores, y viendo en ellos una obra del Señor, es de presumir que diría, estableciendo comparación entre su persona y la de esos chiquitines seres, lo que dijo un poeta:

El mismo tiempo malgastó en mí Dios
que en hacer un ratón, o a lo más dos.

Cuando ya nuestro lego desempeñaba en el convento las funciones de enfermero, los ratones campaban como moros sin señor en celda, cocina y refectorio. Los gatos, que se conocieron en el Perú desde 1537, andaban escasos en la ciudad. Comprobada noticia histórica es la de que los primeros gatos fueron traídos por Montenegro, soldado español, que vendió uno, en el Cuzco y en seiscientos pesos, a don Diego de Almagro el Viejo.

Aburridos los frailes con la invasión de roedores, inventaron diversas trampas para cazarlos, lo que rarísima vez lograban. Fray Martín puso también en la enfermería una ratonera, y un ratonzuelo bisoño, atraído por el tufillo del queso, se dejó atrapar en ella. Libertólo el lego y, colocándolo en el palma de la mano le dijo:

—Váyase, hermanito, y diga a sus compañeros que no sean molestos, ni nocivos en las celdas; que se vayan a vivir en la huerta, y que yo cuidaré de llevarles alimento cada día.

El embajador cumplió con la embajada, y desde ese momento, la ratonil muchitanga abandonó el claustro y se trasladó a la huerta.

Por supuesto que fray Martín los visitó todas las mañanas, llevando una cesta de desperdicios o provisiones, y que los pericotes acudían como llamados con campanilla.

Mantenía en su celda nuestro buen lego un perro y un gato, y había logrado que ambos animales viviesen en fraternal concordia.

Y tanto, que comían juntos en la misma escudilla o plato.

Mirábalos una tarde comer en sana paz, cuando, de pronto, el perro gruñó y encrespóse el gato. Era que un ratón, atraído por el olorcillo de la vianda, había osado asomar el hocico fuera de su agujero. Descubriólo fray Martín, y, volviéndose hacia perro y gato, les dijo:

—Cálmense, criaturas del Señor, cálmense.

Acercóse enseguida al agujero del muro y dijo:

—Salga sin cuidado, hermano pericote. Paréceme que tiene necesidad de comer; apropíncuese, que no le harán daño.

Y, dirigiéndose a los otros dos animales, añadió:

—Vaya, hijos, denle siempre un lugarcito al convidado, que Dios da para los tres.

Y el ratón, sin hacerse rogar, aceptó el convite, y desde ese día comió en amor y compañía con perro y gato.

Y..., y..., y... ¿Pajarito sin cola? ¡Mamola!

## La carta de la «libertadora»

I

Los limeños que por los años de 1825 a 1826 oyeron cantar en la Catedral, entre la Epístola y el Evangelio, a guisa de antífona:

De ti viene todo
lo bueno, Señor;
nos diste a Bolívar,
gloria a ti, gran Dios,

transmitieron a sus hijas, limeñas de los tiempos de mi mocedad, una frase que, según ellas, tenía mucho entripado y nada de cuodlibeto. Esta frase era: la carta de la Libertadora.

A galán marrullero, que pasaba meses y meses en chafalditas y ciquiritacas tenaces, pero insustanciales, con una chica, lo asaltaba de improviso la madre de ella con estas palabras:

—Oiga usted, mi amigo, todo está muy bueno; pero mi hija no tiene tiempo que perder, ni yo aspiro a catedrática en echacorvería. Conque así, o se casa usted pronto, prontito, o da por escrita y recibida la carta de la Libertadora.

—¿Qué es de Ful no? ¿Por qué se ha retirado de tu casa? —preguntaba una amiga a otra.

—Ya eso se acabó, hija —contestaba la interpelada—. Mi mamá le escribió la carta de la Libertadora.

La susodicha epístola era, pues, equivalente a una notificación de desahucio, a darle a uno con la puerta en las narices y propinarle calabazas en toda regla.

Hasta mosconas y perendecas rabisalseras se daban tono con la frase: «Le he dicho a usted que no hay posada, y dale a desensillar. Si lo quiere usted más claro, le escribiré la carta de la Libertadora».

Por supuesto que ninguna limeña de mis juveniles tiempos, en que ya habían pasado de moda los versitos de la antífona, para ser reemplazados con estos otros:

Bolívar fundió a los godos
y desde ese infausto día
por un tirano que había
se hicieron tiranos todos;

por supuesto, repito, que ninguna había podido leer la carta, que debió de ser mucha carta, pues de tanta fama disfrutaba. Y tengo para mí que las mismas contemporáneas de doña Manolita Sáenz (la Libertadora) no conocieron el documento sino por referencias.

El cómo he alcanzado yo, a adquirir copia de la carta de la Libertadora, para tener el gusto de echarla hoy a los cuatro vientos, es asunto que tiene historia, y, por ende, merece párrafo aparte.

## II

El presidente de Venezuela, general Guzmán Blanco, dispuso, allá por los años de 1880, que por la imprenta del Estado se publicase en Caracas una compilación de cartas a Bolívar, de las que fue poseedor el general Florencio O'Leary.

Terminada la importantísima publicación, quiso el Gobierno completarlas dando también a la luz las Memorias de O'Leary, y, en efecto, llegaron a repartirse veintiséis tomos.

Casi al concluirse estaba ia impresión del tomo 27, pues lo impreso alcanzó hasta la página 512, cuando, por causa que no nos hemos fatigado en averiguar, hizo el gobierno un auto de fe con los pliegos ya tirados, salvándose de las llamas únicamente un ejemplar que conserva Guzmán Blanco, otro que posee el encargado de corregir las pruebas y dos ejemplares más que existen en poder de literatos venezolanos, que, en su impaciencia por leer, consiguieron de la amistad que con el impresor les ligara que éste les diera un ejemplar de cada pliego a medida que salían de la prensa.

Nosotros no hemos tenido la fortuna de ver un solo ejemplar del infortunado tomo 27, cuyos poseedores diz que lo enseñaron a los bibliófilos con más orgullo que Rothschild el famoso billete de banco por un millón de libras esterlinas.

Gracias a nuestro excelente amigo el literato caraqueño Arístides Rojas supimos que en ese tomo figura la carta de la Libertadora a su esposo el doctor Thome. Este escribía constantemente a doña Manolita solicitando una reconciliación, por supuesto sobre la base de lo pasado, pasado, cuenta nueva y baraja ídem.

—El médico inglés —me decía Rojas— se había convertido de hombre serio en niño llorón, y era, por tanto, más digno de babador que de corbata.

Y el doctor Thome era de la misma pasta de aquel marido que le dijo a su mujer:

—¡Canalla! Me has traicionado con mi mejor amigo.

—¡Mal agradecido! —le contestó ella, que era de las hembras que tienen menos vergüenza que una gata de techo—. ¿No sería peor que te hubiera engañado con un extraño?

Toro a la plaza. Ahí va la carta.

## III

«No, no, no, no más, hombre, ¡por Dios! ¿Por qué me hace usted faltar a mi resolución de no escribirle? Vamos, ¿qué adelanta usted sino hacerme pasar por el dolor de decirle mil veces que no? «Usted es bueno, excelente, inimitable, jamás diré otra cosa sino lo que es usted. Pero, mi amigo, dejar a usted por el general Bolívar es algo; dejar a otro marido sin las cualidades de usted, sería nada.

«¿Y usted cree que yo, después de ser la predilecta de Bolívar, y con la seguridad de poseer su corazón, preferiría ser la mujer de otro, ni del Padre, ni del Hijo, ni del Espíritu Santo, o sea de la Santísima Trinidad?

«Yo sé muy bien que nada puede unirme a Bolívar bajo los auspicios de lo que usted llama honor. ¿Me cree usted menos honrada por ser él mi amante y no mi marido? ¡Ah!, yo no vivo de las preocupaciones sociales.

«Déjeme usted en paz, mi querido inglés. Hagamos otra cosa. En el cielo nos volveremos a casar; pero en la tierra, no.

«¿Cree usted malo este convenio? Entonces diría que es usted muy descontentadizo.

«En la patria celestial pasaremos una vida angélica, que allá todo será a la inglesa, porque la vida monótona está reservada a su nación, en amor se entiende; pues en lo demás, ¿quiénes más hábiles para el comercio? El amor les acomoda sin entusiasmo; la conversación, sin gracia; la chanza, sin risa; el saludar, con reverencia; el caminar, despacio; el sentarse, con cuidado. Todas éstas son formalidades divinas; pero a mí, miserable mortal, que me río de mí misma, de usted y de todas las seriedades inglesas, no me cuadra vivir sobre la tierra condenada a Inglaterra perpetua.

«Formalmente, sin reírme, y con toda la seriedad de una inglesa, digo que no me juntaré jamás con usted. No, no y no.

«Su invariable amiga,

Manuela»

## IV

Si don Simón Bolívar hubiera tropezado un día con el inglés, seguro que entre los dos habría habido el siguiente diálogo:

—Como yo vuelva a saber
que escribe a mi Dulcinea...
—¡Pero, hombre, si es mi mujer!
—¡Qué importa que lo sea!

¿No le parece a ustedes que la cartita es merecedora de la fama que alcanzó, y que más claro y repiqueteado no cacarea una gallina?

## Los incas ajedrecistas

### I. Atahualpa

Al doctor Evaristo P. Duelos, insigne ajedrecista

Los moros, que durante siete siglos dominaron en España, introdujeron en el país conquistado la afición al juego de ajedrez. Terminada la expulsión de los invasores por la católica reina doña Isabel, era de presumirse que con ellos desaparecerían también todos sus hábitos y distracciones; pero lejos de eso, entre los heroicos capitanes que en Granada aniquilaron el último baluarte del islamismo, había echado hondas raíces el gusto por el tablero de las sesenta y cuatro casillas o escaques, como en heráldica se llaman.

Pronto dejó de ser el ajedrez el juego favorito y exclusivo de los hombres de guerra, pues cundió entre las gentes de Iglesia: abades, obispos, canónigos y frailes de campanillas. Así, cuando el descubrimiento y la conquista de América fueron realidad gloriosa para España, llegó a ser cómo patente o pasaporte de cultura social para todo el que al Nuevo Mundo venía investido con cargo de importancia el verle mover piezas en el tablero.

El primer libro que sobre el ajedrez se imprimiera en España apareció en el primer cuarto de siglo posterior a la conquista del Perú, con el título *Invención liberal y arte de axedrez*, por Ruy.

López de Segovia, clérigo, vecino de la villa de Zafra, y se imprimió en Alcalá de Henares en 1561. Ruy López es considerado como fundador de teorías, y a poco de su aparición se tradujo el opúsculo al francés y al italiano.

El librito abundó en Lima hasta 1845, poco más o menos, en que aparecieron ejemplares del Philidor, y era de obligada consulta allá en los días lejanísimos de mi pubertad, así como el Cecinarrica para los jugadores de damas. Hoy no se encuentra en Lima, ni por un ojo de la cara, ejemplar de ninguno de los dos viejísimos textos.

Que muchos de los capitanes que acompañaron a Pizarro en la conquista, así como los gobernadores Vaca de Castro y La Gasea, y los primeros virreyes Núñez de Vela, marqués de Cañete y conde de Nieva, distrajeron sus ocios en las peripecias de una partida, no es cosa que llame la atención desde que el primer arzobispo de Lima fue vicioso en el juego de ajedrez, que hasta llegó a compro meter, por no resistirse a tributarle culto, el prestigio de las armas reales. Según Jiménez de la Espada, cuando la Audiencia encomendó a uno de sus oidores y al arzobispo don fray Jerónimo de Loayza la dirección de la campaña contra el caudillo revolucionario Hernández Girón, la musa popular del campamento realista zahirió la pachorra del hombre de toga y la afición del mitrado al ajedrez con este cantarcillo, pobre rima, pero rico en verdades:

El uno jugar y el otro dormir,
¡oh qué gentil!
No comer ni apercibir,
¡oh qué gentil!
Uno ronca y otro juega...,
¡y así va la brega!

Los soldados, entregados a la inercia en el campamento y desatendidos en la provisión de víveres, principiaban ya a desmoralizarse, y acaso el éxito habría favorecido a los rebeldes si la Audiencia no hubiera tomado el acuerdo de separar al oidor marmota y al arzobispo ajedrecista.

(Nótese que he subrayado la palabra ajedrecista, porque el vocablo, por mucho que sea de uso general, no se encuentra en el Diccionario de La Academia, como tampoco existe en él el de ajedrista, que he leído en un libro del egregio don Juan Valera.) Se sabe, por tradición, que los capitanes Hernández de Soto, Juan de Rada, Francisco de Chaves, Bias de Atienza y el tesorero Riquelme se congregaban todas las tardes, en Cajamarca, en el departamento que sirvió de prisión al Inca Atahualpa desde el día 15 de noviembre de 1532, en que se efectuó la captura del monarca, hasta la antevíspera de su injustificable sacrificio, realizado el 29 de agosto de 1533.

Allí, para los cinco nombrados y tres o cuatro más que no mencionan en sucintos y curiosos apuntes (que a la vista tuvimos, consignados en rancio manuscrito que existió en la antigua Biblioteca Nacional), funcionaban dos tableros, toscamente pintados, sobre la respectiva mesita de madera. Las piezas eran hechas del mismo barro que empleaban los indígenas para la fabricación de idolillos y demás objetos de alfarería aborigen, que hogaño se extraen de las huecas. Hasta los primeros años de la República no se conocieron en el Perú otros piezas que las de marfil, que remitían para la venta los comerciantes filipinos.

Honda preocupación abrumaría el espíritu del Inca en los dos o tres primeros meses de su cautiverio, pues aunque todas las tardes tomaba asiento junto a Hernando de Soto, su amigo y amparador, no daba señales de haberse dado cuenta de la manera como actuaban las piezas ni de los lances y accidentes del juego.

Pero una tarde, en las jugadas finales de una partida empeñada entre Soto y Riquelme, hizo ademán Hernando de movilizar el caballo, y el Inca, tocándole ligeramente en el brazo, le dijo en voz baja:

—No; capitán, no... ¡El castillo!

La sorpresa fue general. Hernando, después de breves según dos de meditación, puso en juego la torre, como le aconsejara Atahualpa, y pocas jugadas después sufría Riquelme inevitable mate.

Después de aquella tarde, y cediéndole siempre las piezas blancas en muestra de respetuosa cortesía, el capitán don Hernando de Soto invitaba al Inca a jugar una sola partida, y al cabo de un par de meses el discípulo era ya digno del maestro. Jugaba de igual a igual.

Comentábase, en los apuntes a que me he referido, que los otros ajedrecistas españoles, con excepción de Riquelme, invitaron también al Inca; pero éste se excusó siempre de aceptar, diciéndoles por medio del intérprete Felipillo:

—Yo juego muy poquito y vuesa merced juega mucho.

La tradición popular asegura que el Inca no habría sido conde nado a muerte si hubiera permanecido ignorante en el ajedrez.

Dice el pueblo que Atahualpa pagó con la vida el mate que por su consejo sufriera Riquelme en memorable tarde. En el famoso consejo de veinticuatro jueces, consejo convocado por Pizarro, se impuso a Atahualpa la pena de muerte por trece votos contra once. Riquelme fue uno de los trece que suscribieron la sentencia.

## II. Manco Inca

A Jesús Elías Salas

Después del injustificable sacrificio de Atahualpa, se encaminó don Francisco Pizarro al Cuzco, en 1534, y para propiciarse el afecto de los cuzqueños declaró que no venía a quitar a los caciques sus señorías y propiedades ni a desconocer sus preeminencias, y que castigado ya en Cajamarca con la muerte el usurpador asesino del legítimo Inca Huáscar, se proponía entregar la insignia imperial al Inca Manco, mancebo de dieciocho años, legítimo heredero de su hermano Huáscar. La coronación se efectuó con gran solemnidad, trasladándose luego Pizarro al valle de Jauja, de donde siguió al de Rímaco Pachacamac para hacer la fundación de la capital del futuro virreinato.

No tengo para qué historiar los sucesos y causas que motivaron la ruptura de relaciones entre el Inca y los españoles acaudilla dos por Juan Pizarro, y, a la muerte de éste, por su hermano Hernando. Bástame apuntar que Manco se dio trazas para huir del Cuzco y establecer su gobierno en las altiplanicies de los Andes, adonde fue siempre para los conquistadores imposible vencerlo.

En la contienda entre pizarristas y almagristas, Manco prestó a los últimos algunos servicios, y consumada la ruina y victimación de Almagro el Mozo, doce o quince de los vencidos, entre los que se contaban los capitanes Diego Méndez y Gómez Pérez, hallaron refugio aliado del Inca, que había fijado su corte en Vilcapampa.

Méndez, Pérez y cuatro o cinco más de sus compañeros de infortunio se entretenían en el juego de bolos (bochas) y en el ajedrez. El Inca se aespañoló (verbo de aquel siglo, equivalente a se españolizó) fácilmente, cobrando gran afición y aun destreza en ambos juegos; sobresaliendo como ajedrecista.

Estaba escrito que, como al Inca Atahualpa, la afición al ajedrez había de serle fatal al Inca Manco.

Una tarde hallábanse empeñados en una partida el Inca Manco y Gómez Pérez, teniendo por mirones a Diego Méndez y a tres caciques.

Manco hizo una jugada de enroque, no consentida por las prácticas del juego, y Gómez Pérez le arguyó:

—Es tarde para ese enroque, seor fullero.

No sabemos si el Inca alcanzaría a darse cuenta de la acepción despectiva de la palabreja castellana; pero insistió en defender la que él creía correcta y válida jugada. Gómez Pérez volvió la cara hacia su paisano Diego Méndez y le dijo:

—¡Mire, capitán, con la que me sale este indio pu...erco!

Aquí cedo la palabra al cronista anónimo, cuyo manuscrito, que alcanza hasta la época del virrey Toledo, figura en el tomo VIII Documentos inéditos del Archivo de Indias: «El Inca alzó entonces la mano y diole un bofetón al español. Este metió mano en su daga y le dio dos puñaladas, de las que luego murió. Los indios acudieron a la venganza, e hicieron pedazos a dicho matador y a cuantos españoles en aquella provincia de Vilcapampa estaban».

Varios cronistas dicen que la querella tuvo lugar en el juego de bolos; pero otros afirman que el trágico suceso fue motivado por desacuerdo en una jugada de ajedrez.

La tradición popular entre los cuzqueños es la que yo relato, apoyándome también en la autoridad del anónimo escritor del siglo XVI.

## La tradición de la saya y el manto

Cuando se quiere salir del paso hablando del origen de algo ya muy rancio viene a la boca esta frase: «Eso se pierde en la noche de los tiempos».

Tratándose de la saya y manto, no figuró jamás en la indumentaria de provincia alguna de España ni en ninguno de los reinos europeos. Brotó en Lima tan espontáneamente como los hongos en un jardín.

¿En qué año brotó ese hongo? Mucho, muchísimo he investigado, pero sin fruto. No obstante, me atrevo a afirmar que la saya y manto nació en 1560.

Véanse ahora las razones en que fundo mi afirmación, y me prometo que el lector no habrá de estimarla como antojadizas.

Lima se fundó el 18 de enero de 1535, no excediendo de diez las mujeres oriundas de España que se avecindaron en la capital. Casi podría nombrarlas. Es, pues, tan claro como el agua de puquio que solo de 1555 a 1560 pudo haber limeñas hijas de padre y madre españoles, o de peninsular e india peruana en condiciones de formar un núcleo capaz de imponer moda como la de la saya y manto. Nadie disputa a Lima la primacía o, mejor dicho, la exclusiva, en moda, que no cundió en el resto de América y que dio campo a las criollas mexicanas para que bautizasen a las limeñas con el apodo de las enfundadas.

En el Perú mismo, la saya y manto fue tan exclusiva de Lima, que nunca salió del radio de la ciudad. Ni siquiera se la, antojó ir de paseo al Callao, puerto que dista dos leguas castellanas de la capital.

El 11 de abril de 1601 inauguróse el tercero de los Concilios convocados por el santo arzobispo Toribio de Mogrovejo, al que sometió la abolición de la saya y manto bajo pena de excomunión. Si su ilustrísima pone el tema sobre el tapete en sus Concilios de 1583 y 1591, como hay Dios que mis paisanas se quedan sin saya y manto. La población de Lima apenas excedía de treinta mil almas, y las devotas de la saya y manto, que constituían la sociedad decente de la ciudad, si los cálculos estadísticos no marran, podría fluctuar por entonces entre setecientas y ochocientas enfundadas.

El arzobispo olvidó en 1601 que desde 1590, en que vino a Lima doña Teresa de Castro, esposa del virrey don García Hurtado de Mendoza, marqués de Cañete, la saya y manto había reforzado muchísimo sus filas. Entre camaristas, meninas y criadas, trajo doña Teresa veintisiete muchachas españolas a las que aposentó en palacio, y todas las que en el transcurso del año encontraron en Lima la media naranja complementaria. Además, en la comitiva del virrey, y con empleo en el Perú, vinieron cuarenta y tantos presupuestívoros con sus mujeres, hermanas, hijas y domésticas.

Las recientemente llegadas, por novelería unas y por congraciarse con las limeñas legítimas otras, todas dieron en enfundarse.

Doña Teresa fue de las primeras en vestir saya y manto, sugestionada acaso por su marido, pues la historia nos cuenta que el virrey anduvo siempre a la greña con el arzobispo. Algo, que no mucho, he relatado sobre tal tema en mi tradición *Las querellas de Santo Toribio*.

Es mi sentir, repito, que su ilustrísima anduvo desacertado en la elección de la oportunidad, pues admitiendo mi creencia de que la saya y manto nacieran en 1560, cuarenta años después, esto es, en 1601, año del tercer Concilio, las devotas de la extravagante indumentaria serían ya todas las limeñas, esto es, dos o tres mil hijas de Eva, las que alborotaron el cotarro hasta el punto de sembrar semilla de cisma. Ello es que el Concilio no pronunció fallo.

Los virreyes marqueses de Guadalcázar y de Montesclaros y otros intentaron también abolir la saya y manto, pero no pasaron del intento. Virrey hubo que se limitó a encomendar a los maridos que no permitiesen a la costilla ni a sus hijas tal indumentaria, lo que fue como dar el encargo al Archipámpano de las Indias. Tan cierto es que nunca los hombres tomamos carta en juego de modas, que hoy mismo las dejamos tranquilas cuando lucen sobre la cabeza los fenomenales sombrerotes a la moda. Ya desaparecerán sin que intervengamos los varones.

La primitiva saya, que perduró hasta cinco o seis años después de la batalla de Ayacucho, fue, y dicho sea en puridad de verdad, una prenda muy antiestética, especie de funda desde la cintura a los pies, que traía a la mujer como engrilletada, pues apenas podía dar paso mayor de tres pulgadas.

Para las tapadas, en España y en todas las capitales de virreinato americano, la mantilla y el rebocillo eran los encubridores del coqueteo. Para la tapada limeña lo fue el manto negro de sarga o de borloncillo, no del todo desprovisto de gracia. La llamada saya de tiritas era una curiosa extravagancia.

Anualmente, en la tarde del día de la Porciúncula, efectuábase una romería a la Alameda de los Descalzos, donde los buenos padres obsequiaban con un festín a los mendigos de la ciudad. Las más hermosas y acaudaladas limeñas concurrían a ese acto enfundándose en la más vieja, rota y deshilachada de sus sayas, y contrastando con esa miseria ostentaban el riquísimo chal y las valiosas alhajas de siempre. Todas consumían siquiera un pedazo de pan y una cucharada de la sopa de los pobres.

Con la Independencia la revolución alcanzó también a la saya, y sin que las jamonas ni las viejas renunciasen a la primitiva saya de carro, las jóvenes crearon la gamarrina, la cual, cuatro años después, convirtieron en la orbegosina. Se diferenciaban, más que en la forma, en el color del raso: la gamarrina, contemporánea del presidente general Gamarra, era de raso negro o cabritilla, y la orbegosina, en homenaje a su sucesor, el general Orbegoso, era azulina o verde oscuro. La saya se convirtió en enseña de partido político.

Como se ve, la gamarrina y la orbegosina se apartaban algo de la saya primitiva, pues en la parte baja eran relativamente más holgadas y llevaban un ruedo de raso claro por adorno.

Cuando en 1835 el general Salaverry encabezó la revolución contra la presidencia de Orbegoso, nació la salaverrina, de falda suelta y airosa, que permitía libertad de movimientos. Esta fue la saya que tanta fama diera a la tapada limeña, pues con ella, amén de la gentileza corporal, salieron a lucir las agudezas del ingenio. Esa fue la tapada que yo conocí en mis tiempos de colegial y que por mi voto aún existiría; Después de 1850 la relativa holgura social producida por los millones de la Consolidación dio incremento al comercio francés y a las modas de París. Lo que en tres siglos no consiguieron ni Santo Toribio ni los virreyes, desapareció sin resistencias ni luchas, poquito a poquito. En 1860, justamente a los tres siglos de nacido el hongo, desapareció la saya y manto en procesiones y paseos. Nació sin partida de bautismo comprobatoria de cuándo, cómo ni por qué. Ha muerto lo mismo: sin partida de defunción, ni fecha fija, ni motivo cierto que la excluyese.

**Libros a la carta**

A la carta es un servicio especializado para
empresas,
librerías,
bibliotecas,
editoriales
y centros de enseñanza;
y permite confeccionar libros que, por su formato y concepción, sirven a los propósitos más específicos de estas instituciones.

Las empresas nos encargan ediciones personalizadas para marketing editorial o para regalos institucionales. Y los interesados solicitan, a título personal, ediciones antiguas, o no disponibles en el mercado; y las acompañan con notas y comentarios críticos.

Las ediciones tienen como apoyo un libro de estilo con todo tipo de referencias sobre los criterios de tratamiento tipográfico aplicados a nuestros libros que puede ser consultado en Linkgua-ediciones.com.

Linkgua edita por encargo diferentes versiones de una misma obra con distintos tratamientos ortotipográficos (actualizaciones de carácter divulgativo de un clásico, o versiones estrictamente fieles a la edición original de referencia).

Este servicio de ediciones a la carta le permitirá, si usted se dedica a la enseñanza, tener una forma de hacer pública su interpretación de un texto y, sobre una versión digitalizada «base», usted podrá introducir interpretaciones del texto fuente. Es un tópico que los profesores denuncien en clase los desmanes de una edición, o vayan comentando errores de interpretación de un texto y esta es una solución útil a esa necesidad del mundo académico.

Asimismo publicamos de manera sistemática, en un mismo catálogo, tesis doctorales y actas de congresos académicos, que son distribuidas a través de nuestra Web.

El servicio de «libros a la carta» funciona de dos formas.

1. Tenemos un fondo de libros digitalizados que usted puede personalizar en tiradas de al menos cinco ejemplares. Estas personalizaciones pueden ser de todo tipo: añadir notas de clase para uso de un grupo de estudiantes,

introducir logos corporativos para uso con fines de marketing empresarial, etc. etc.

2. Buscamos libros descatalogados de otras editoriales y los reeditamos en tiradas cortas a petición de un cliente.

www.ingramcontent.com/pod-product-compliance
Lightning Source LLC
Chambersburg PA
CBHW051343040426
42453CB00007B/387